名家巨匠
谈读书

蔡元培等◎著　戴小璇◎编

MINGJIA
JUJIANG
Tandushu

蔡元培
梁启超
鲁　迅
胡　适
……

中国文史出版社

图书在版编目（CIP）数据

名家巨匠谈读书 / 蔡元培等著；戴小璇编 . -- 北京 : 中国文史出版社，2018.1
　ISBN 978-7-5034-9723-0

　Ⅰ.①名… Ⅱ.①蔡…②戴… Ⅲ.①读书方法 Ⅳ.①G792

中国版本图书馆 CIP 数据核字（2017）第 264730 号

责任编辑：詹红旗　戴小璇

出版发行：	中国文史出版社
社　　址：	北京市海淀区西八里庄69号院　邮编：100142
电　　话：	010－81136606　81136602　81136603（发行部）
传　　真：	010－81136655
印　　装：	廊坊市海涛印刷有限公司
经　　销：	全国新华书店
开　　本：	1/32
印　　张：	6
字　　数：	155 千字
版　　次：	2018年1月北京第1版
印　　次：	2020年3月第2次印刷
定　　价：	28.00 元

文史版图书，版权所有，侵权必究。

目　录

我的读书经验	蔡元培 001
读中国书	梁启超 003
随便翻翻	鲁　迅 008
读书忌	鲁　迅 011
选　本	鲁　迅 013
读几本书	鲁　迅 016
书话五则	周作人 018
我之于书	夏丏尊 025
读书与用书	陶行知 027
读　书	胡　适 031
为什么要读书	胡　适 039
卖　书	郭沫若 045
读书与求学	孙伏园 048
读　书	叶圣陶 051
从焚书到读书	叶圣陶 054
读书的态度	叶圣陶 056
书·读书	叶圣陶 058
怎样看书	邹韬奋 060
略谈读书的方法	邹韬奋 062

我的读书经验	冯友兰 066
买书者言	郁达夫 070
人与书	郁达夫 072
爱读的书	茅 盾 073
谈读书	朱光潜 077
论青年读书风气	朱自清 082
谈买书	郑振铎 085
谈访书	郑振铎 088
谈整书	郑振铎 092
谈分书	郑振铎 096
读　书	丰子恺 100
读　书	老　舍 102
写与读	老　舍 105
读书的意义	俞平伯 111
谈谈怎样读书	王　力 114
忆读书	冰　心 119
读　书	冰　心 122
书	梁实秋 124
漫谈读书	梁实秋 127
论读经	沈从文 130
谈读书	钟敬文 134
书	朱　湘 139
读书学习的零星感想	臧克家 142
我和书	季羡林 145
藏书与读书	季羡林 147

漫话读书	冯亦代 149
书的梦	孙　犁 151
在阅读中思考	牛　汉 157
好书，永远不会过时；过时，也就不是好书	李国文 163
好读书	贾平凹 166
安妥我灵魂的这本书	贾平凹 169
小时背书有好处	巴　金 177
读书要有计划	萧　乾 181

我的读书经验

□ 蔡元培

我自十余岁起,就开始读书,读到现在,将满六十年了,中间除大病或其他特别原因外,几乎没有一日不读点书的,然而我也没有什么成就,这是读书不得法的缘故。我把不得法的概略写出来,可以为前车之鉴。

我的不得法第一是不能专心。我初读书的时候,读的都是旧书,不外乎考据词章两类。我的嗜好,在考据方面,是偏于诂训及哲理的,对于典章名物,是不大耐烦的;在词章上,是偏于散文的,对于骈文及诗词,是不大热心。然而以一物不知为耻,种种都读,并且算学书也读,医学书也读,都没有读通。所以我曾经想编一部说文声系义证,又想编一本公羊春秋大义,都没有成书,所为文辞,不但骈文诗词,没有一首可存的,就是散文也太平凡了。到了四十岁以后我始学德文,后来又学法文,我都没有好好儿做那记生字练文法的苦工,而就是生吞活剥看书,所以至今不能写一篇合格的文章,做一回短期的演说。在德国进大学听讲以后,哲学史、文学史、文明史、心理学、美学、美术史、民族学统统去听,那时候这几类的参考书,也就乱读起来了。后来虽勉自收缩,以美学与美术史为主,辅以民族学,然而他类的书终不能割爱,所以想译一本美学,想编一部比较的民族学,也都没有成书。

我的不得法,第二是不能动笔。我的读书,本来抱一种利己主义,就是书里面的短处,我不大去搜寻它,我正注意于我所认为有用的或可爱的材料。这本来不算坏，但是我的坏处，就是我虽读的时候注意于这几点，但往往为速读起见，无暇把这几点摘抄出来，或在书上做一点特别的记号，若是有时候想起来，除了德文书检目特详，尚易检寻外，其他的书，几乎不容易寻到了。我国现虽有人编"索引"、"引得"等等，专门的辞典，也逐渐增加，寻检自然较易，但各人有各自的注意点，普通的检目，断不能如自己记的方便。我尝见胡适之先生有一个时期，出门时常常携一两本线装书，在舟车上或其他忙里偷闲时翻阅，见到有用的材料，就折角或以铅笔作记号。我想他回家后或者尚有摘抄的手续。我记得有一部笔记，说王渔洋读书时，遇到新隽的典故或词句，就用纸条抄出，贴在书斋壁上，时时览读，熟了就揭去，换上新得的，所以他记得很多。这虽是文学上的把戏，但科学上何尝不可以仿作呢？我因从来懒得动笔，所以没有成就。

　　我的读书的短处，我已经经验了许多的不方便，特地写出来，望读者鉴于我的短处，第一能专心，第二能动笔，这一定有许多成效。

读中国书

□ 梁启超

学生做课外学问,是最必要的。若只求讲堂上功课及格,便算完事,那么,你进学校,只是求文凭,并不是求学问。你的人格,先已不可问了。再者,此类人一定没有"自发"的能力,不特不能成为一个学者,亦断不能成为社会上治事领袖人才。

课外学问,自然不专指读书:如试验,如观察自然界,……都是极好的。但读课外书,最少要算课外学问的主要部分。

一个人总要养成读书趣味,打算做专门学者,固然要如此。打算做事业家,也要如此,因为我们在工厂里在公司里在议院里在……里做完一天的工作出来之后。随时立刻可以得着愉快的伴侣,莫过于书籍,莫便于书籍。

但是将来这种愉快得着得不着,大概是在学校时代已经决定。因为必须养成读书习惯,才能尝着读书趣味。人生一世的习惯,出了学校门限,已经铁铸成了。所以在学校中不读课外书以养成自己自动的读书习惯,这个人简直是自己剥夺自己终身的幸福。

读书自然不限于读中国书。但中国人对于中国书,最少也该和外国书作平等待遇,你这样待遇他,他给回你的愉快报酬,最少也和读外国书所得的有同等分量。

中国书没有整理过,十分难读,这是人人公认的。但会做学问的人,觉得趣味就在这一点,吃现成饭,是最没有意思的事,是最没有出息的人才喜欢的。一种学问，被别人做完了，四平八正的编成教科书样子给我读，读去自然是毫不费力。但从这不费力上头，结果便令我的心思不细致不刻入，专门喜欢读这类书的人，久而久之，会把自己创作的才能汩没哩，在纽约、芝加哥笔直的马路崭新的洋房里舒舒服服混一世，这个人一定是过的毫无意味的平庸生活，若要过有意味的生活，须是哥伦布初到美洲时。

中国学问界，是千年未开的矿穴，矿苗异常丰富。但非我们亲自绞脑筋绞汗水，却开不出来。翻过来看，只要你绞一分脑筋一分汗水，当然还你一分成绩，所以有趣。

所谓中国学问界的矿苗，当然不专指书籍。自然界和社会实况，都是极重要的，但书籍为保存过去原料之一种宝库，且可以为现在实测各方面之引线。就这点看来，我们对于书籍之浩瀚，应该欢喜感谢他，不应该厌恶他。因为我们的事业比方要开工厂，原料的供给，自然是越丰富越好。

读中国书，自然像披沙拣金，沙多金少。但我们若把他作原料看待，有时寻常人认为极无用的书籍，和语句，也许有大功用。须知工厂种类多着呢，一个厂里头还有许多副产生物哩，何止金有用，沙也有用。

若问读书方法，我想向诸君上一个条陈：这方法是极陈旧的极笨极麻烦的。然而实在是极必要的，什么方法呢？是钞录或笔记。

我们读一部名著，看见他征引那么繁博，分析那么细密，动辄伸着舌头说道：这个人不知有多大记忆力，记得许多东西，这是他的特别天才，我们不能学步了。其实哪里有这回事。好记性的人不见得便有智慧；有智慧的人比较的倒是记性不甚好，你所看见者是他发表出来的成果，不知他这成果原是从铢积寸累困知勉行得来。大抵凡一个大学者平日用功，总是有无数小册子或单纸片，读书看见一段资料觉其有用者，立刻钞下。（短的钞全文，长的摘要记书名卷数页数。）

资料渐渐积得丰富，再用眼光来整理分析他，便成一篇名著。想看这种痕迹，读赵瓯北的《二十二史劄记》，陈兰甫的《东塾读书记》，最容易看出来。

这种工作，笨是笨极了，苦是苦极了，但真正做学问的人，总离不了这条路。做动植物的人，懒得采集标本，说他会有新发明，天下怕没有这种便宜事。

发明的最初动机在注意。钞书便是促醒注意及继续保存注意的最好方法。当读一书时，忽然感觉这一段资料可注意，把他钞下，这件资料，自然有一微微的印象印人脑中，和滑眼看过不同。经过这一番后，过些时碰着第二个资料和这个有关系的，又把他钞下，那注意便加浓一度，经过几次之后，每翻一书，遇有这项资料，便活跳在纸上，不必劳神费力去找了。这是我多年经验得来的实况，诸君试拿一年工夫去试试，当知我不说谎。

先辈每教人不可轻言著述，因为未成熟的见解公布出来，会自误误人，这原是不错的。但青年学生"斐然有述作之志"，也是实际上鞭考学问的一种妙用。譬如同是读《文献通考》的《钱币考》和各史《食货志》中钱币项下各文，泛泛读去，没有什么所得。倘若你一面凑一面便打主意做一篇中国货币沿革考。这篇考做的好不好另一问题，你所读的自然加几倍受用了。譬如同读一部《荀子》，某甲泛泛读去，某乙一面读一面打主意做部荀子学案，读过之后，两个人的印象深浅，自然不同。所以我很奖励青年好著书的习惯。至于著的书，拿不拿给人看，什么时候才认做成功，这还不是你的自由吗？

每日所读之书，最好分两类：一类是精读的，一类是涉览的，因为我们一面要养成读书心细的习惯，一面要养成读书眼快的习惯。心不细则毫无所得，等于白读；眼不快则时候不够用，不能博搜资料。诸经诸子四史通鉴等书，宜人精读之部，每日指定某时刻读他，读时一字不放过，读完一部才读别部。想钞录的随读随钞。另外指出一时刻，随意涉览。觉得有趣，注意细看；觉得无趣，便翻次叶。遇有想钞录的，也俟读完再钞，当时勿窒其机。

诸君勿因初读中国书勤劳大而结果少，便生退悔。因为我们读书，并不是想专向现时所读这一本书里头现钱现货韵得多少报酬。最要紧的是涵养成好读书的习惯和磨炼出善读书的脑力。青年期所读各书，不外借来做达这两个目的的梯子。我所说的前提倘若不错，则读外国书和读中国书当然都有益处。外国名著，组织得好，易引起趣味；他的研究方法，整整齐齐摆出来，可以做我们模范；这是好处。我们滑眼读去，容易变成享现成福的少爷们，不知甘苦来历，这是坏处。中国书未经整理，一读便是一个闷头棍，每每打断趣味，这是坏处。逼着你披荆斩棘，寻路来走，或者走许多冤枉路，（只要走路断无冤枉，走错了回头，便是绝好教训。）从甘苦阅历中磨炼出智慧，得苦尽甘来的趣味，那智慧和趣味却最真切。这是好处。

还有一件：我在前项书目表[①]中，有好几处写"希望熟读成诵"字样。我想诸君或者以为甚难，也许反对说我顽旧。但我有我的意思，我并不是奖励人勉强记忆。我所希望熟读成诵的有两种类。一种类是最有价值的文学作品；一种类是有益身心的格言。好文学是涵养情趣的工具。做一个民族的分子，总须对于本民族的好文学十分领略，能熟读成诵，才在我们的"下意识"里头，得着根柢，不知不觉会"发酵"。有益身心的圣哲格言，一部分久已在我们全社会上形成共同意识。我既做这社会的分子，总要彻底了解他，才不至和共同意识生隔阂。一方面我们应事接物时候，常常仗他给我们的光明。要平日摩得熟，临时才用得着。我所以有些书希望熟读成诵者在此。但亦不过一种格外希望而已；并不谓非如此不可。

最后我还专向清华同学诸君说几句话：我希望诸君对于国学的修养比旁的学校学生格外加功。诸君受社会恩惠，是比别人独优的。诸君将来在全社会上一定占势力，是眼看得见的。诸君回国之后对于中

---

① 指《国学入门书要目及其读法》

国文化有无贡献，便是诸君功罪的标准。饶你学成一位天字第一号形神毕肖的美国学者，只怕于中国文化没有多少影响。若这样便有影响，我们把美国蓝眼睛的大博士抬一百几十位来便彀了，又何必诸君呢。诸君须要牢牢记着你不是美国学生，是中国留学生。如何才配叫做中国留学生，请你自己打主意罢。

随便翻翻[①]

□ 鲁　迅

　　我想讲一点我的当作消闲的读书——随便翻翻。但如果弄得不好，会受害也说不定的。

　　我最初去读书的地方是私塾，第一本读的是《鉴略》，桌上除了这一本书和习字的描红格，对字（这是做诗的准备）的课本之外，不许有别的书。但后来竟也慢慢的认识字了，一认识字，对于书就发生了兴趣，家里原有两三箱破烂书，于是翻来翻去，大目的是找图画看，后来也看看文字。这样就成了习惯，书在手头，不管它是什么，总要拿来翻一下，或者看一遍序目，或者读几叶内容，到得现在，还是如此，不用心，不费力，往往在作文或看非看不可的书籍之后，觉得疲劳的时候，也拿这玩意来作消遣了，而且它也的确能够恢复疲劳。

　　倘要骗人，这方法很可以冒充博雅。现在有一些老实人，和我闲谈之后，常说我书是看得很多的，略谈一下，我也的确好像书看得很多，殊不知就为了常常随手翻翻的缘故，却并没有本本细看。还有一种很容易到手的秘本，是《四库书目提要》，倘还怕繁，那么，《简明目录》也可以，这可要细看，它能做成你好像看过许多书。不过我也曾用过正经工夫，如什么"国学"之类，请过先生指教，留心过学者所开的参考书目。结果都不满意。有些书目开得太多，要十来年才能看完，我还疑心他自己就没有看；只开几部的较好，可是这须看这位开书目的先生了，如果他是一位胡涂虫，那么，开出来的几部一定也是极顶

[①] 本篇最初发表于 1934 年 11 月上海《读书生活》月刊第一卷第二期，署名公汗。

胡涂书，不看还好，一看就胡涂。

我并不是说，天下没有指导后学看书的先生，有是有的，不过很难得。

这里只说我消闲的看书——有些正经人是反对的，以为这么一来，就"杂"！"杂"，现在又算是很坏的形容词。但我以为也有好处。譬如我们看一家的陈年账簿，每天写着"豆付三文，青菜十文，鱼五十文，酱油一文"，就知先前这几个钱就可买一天的小菜，吃够一家；看一本旧历本，写着"不宜出行，不宜沐浴，不宜上梁"，就知道先前是有这么多的禁忌。看见了宋人笔记里的"食菜事魔"，明人笔记里的"十彪五虎"，就知道"哦呵，原来'古已有之'。"但看完一部书，都是些那时的名人轶事，某将军每餐要吃三十八碗饭，某先生体重一百七十五斤半；或是奇闻怪事，某村雷劈蜈蚣精，某妇产生人面蛇，毫无益处的也有。这时可得自己有主意了，知道这是帮闲文士所做的书。凡帮闲，他能令人消闲消得最坏，他用的是最坏的方法。倘不小心，被他诱过去，那就坠入陷阱，后来满脑子是某将军的饭量，某先生的体重，蜈蚣精和人面蛇了。

讲扶乩的书，讲婊子的书，倘有机会遇见，不要皱起眉头，显示憎厌之状，也可以翻一翻；明知道和自己意见相反的书，已经过时的书，也用一样的办法。例如杨光先的《不得已》是清初的著作，但看起来，他的思想是活着的，现在意见和他相近的人们正多得很。这也有一点危险，也就是怕被它诱过去。治法是多翻，翻来翻去，一多翻，就有比较，比较是医治受骗的好方子。乡下人常常误认一种硫化铜为金矿，空口是和他说不明白的，或者他还会赶紧藏起来，疑心你要白骗他的宝贝。但如果遇到一点真的金矿，只要用手掂一掂轻重，他就死心塌地：明白了。

"随便翻翻"是用各种别的矿石来比的方法，很费事，没有用真的金矿来比的明白，简单。我看现在青年的常在问人该读什么书，就是要看一看真金，免得受硫化铜的欺骗。而且一识得真金，一面也就真的识得了硫化铜,一举两得了。

但这样的好东西,在中国现有的书里,却不容易得到。我回忆自己的得到一点知识,真是苦得可怜。幼小时候,我知道中国在"盘古氏开辟天地"之后,有三皇五帝,……宋朝,元朝,明朝,"我大清"。到二十岁,又听说"我们"的成吉思汗征服欧洲,是"我们"最阔气的时代。到二十五岁,才知道所谓这"我们"最阔气的时代,其实是蒙古人征服了中国,我们做了奴才。直到今年八月里,因为要查一点故事,翻了三部蒙古史,这才明白蒙古人的征服"斡罗思",侵入匈奥,还在征服全中国之前,那时的成吉思还不是我们的汗,倒是俄人被奴的资格比我们老,应该他们说"我们的成吉思汗征服中国,是我们最阔气的时代"的。

我久不看现行的历史教科书了,不知道里面怎么说;但在报章杂志上,却有时还看见以成吉思汗自豪的文章。事情早已过去了,原没有什么大关系,但也许正有着大关系,而且无论如何,总是说些真实的好。所以我想,无论是学文学的,学科学的,他应该先看一部关于历史的简明而可靠的书。但如果他专讲天王星,或海王星,虾蟆的神经细胞,或只咏梅花,叫妹妹,不发关于社会的议论,那么,自然,不看也可以的。

我自己,是因为懂一点日本文,在用日译本《世界史教程》和新出的《中国社会史》应应急,都比我历来所见的历史书类说得明确。前一种中国曾有译本,但只有一本,后五本不译了,译得怎样,因为没有见过,不知道。后一种中国倒先有译本,叫作《中国社会发展史》,不过据日译者说,是多错误,有删节,靠不住的。

我还在希望中国有这两部书。又希望不要一哄而来,一哄而散,要译,就译他完;也不要删节,要删节,就得声明,但最好还是译得小心,完全,替作者和读者想一想。

11月2日

读书忌[1]

□ 鲁　迅

记得中国的医书中，常常记载着"食忌"，就是说，某两种食物同食，是于人有害，或者足以杀人的，例如葱与蜜，蟹与柿子，落花生与王瓜之类。但是否真实，却无从知道，因为我从未听见有人实验过。

读书也有"忌"，不过与"食忌"稍不同。这就是某一类书决不能和某一类书同看，否则两者中之一必被克杀，或者至少使读者反而发生愤怒。例如现在正在盛行提倡的明人小品，有些篇的确是空灵的。枕边厕上，车里舟中，这真是一种极好的消遣品。然而先要读者的心里空空洞洞，混混茫茫。假如曾经看过《明季稗史》，《痛史》，或者明末遗民的著作，那结果可就不同了，这两者一定要打起仗来，非打杀其一不止。我自以为因此很了解了那些憎恶明人小品的论者的心情。

这几天偶然看见一部屈大均的《翁山文外》，其中有一篇戊申（即清康熙七年）八月做的《自代北入京记》。他的文笔；岂在中郎之下呢？可是很有些地方是极有重量的，抄几句在这里——

"……沿河行，或渡或否。往往见西夷毡帐，高低不一，所谓穹庐连属，如冈如阜者。男妇皆蒙古语；有卖于湿酪者，羊马者，牦皮者，卧两骆驼中者，坐奚车者，不鞍而骑者，三两而行，被戒衣，或红或黄，持小铁轮，念《金刚秽咒》者。其首顶一柳筐，以盛马粪及木炭

---
[1] 本文最早见于1934年11月29日《中华日报·动向》

者,则皆中华女子。皆盘头跣足,垢面,反被毛袄。人与牛羊相枕藉,腥臊之气,百余里不绝。……"

我想,如果看过这样的文章,想象过这样的情景,又没有完全忘记,那么,虽是中郎的《广庄》或《瓶史》,也断不能洗清积愤的,而且还要增加愤怒。因为这实在比中郎时代的他们互相标榜还要坏,他们还没有经历过扬州十日,嘉定三屠!

明人小品,好的;语录体也不坏,但我看《明季稗史》之类和明末遗民的作品却实在还要好,现在也正到了标点,翻印的时候了;给大家来清醒一下。

11 月 25 日

选 本[1]

□鲁 迅

今年秋天,在上海的日报上有一点可以算是关于文学的小小的辩论,就是为了一般的青年,应否去看《庄子》与《文选》以作文学上的修养之助。不过这类的辩论,照例是不会有结果的,往复几回之后,有一面一定拉出"动机论"来,不是说反对者"别有用心",便是"哗众取宠";客气一点,也就"彼亦一是非,此亦一是非",而问题于是呜呼哀哉了。

但我因此又想到"选本"的势力。孔子究竟删过《诗》没有,我不能确说,但看它先"风"后"雅"而末"颂",排得这么整齐,恐怕至少总也费过乐师的手脚,是中国现存的最古的诗选。由周至汉,社会情形太不同了,中间又受了《楚辞》的打击,晋宋文人如二陆束皙陶潜之流,虽然也做四言诗以支持场面,其实都不过是每句省去一字的五言诗,"王者之迹熄而《诗》亡"了。不过选者总是层出不穷的,至今尚存,影响也最广大者,我以为一部是《世说新语》,一部就是《文选》。

《世说新语》并没有说明是选的,好像刘义庆或他的门客所搜集,但检唐宋类书中所存裴启《语林》的遗文,往往和《世说新语》相同,可见它也是一部钞撮故书之作,正和《幽明录》一样。它的被清代学者所宝重,自然因为注中多有现今的逸书,但在一般读者,却还是为了本文,自唐迄今,拟作者不绝,甚至于自己兼加注解。袁宏道在野

---

[1] 本篇最初发表于1934年1月北平《文学季刊》创刊号,署名唐俟。

时要做官,做了官又大叫苦,便是中了这书的毒,误明为晋的缘故。有些清朝人却较为聪明,虽然辫发胡服,厚禄高官,他也一声不响,只在倩人写照的时候,在纸上改作斜领方巾,或芒鞋竹笠,聊过"世说"式瘾罢了。

《文选》的影响却更大。从曹宪至李善加五臣,音训注释书类之多,远非拟《世说新语》可比。那些烦难字面,如草头诸字,水旁山旁诸字,不断的被摘进历代的文章里面去,五四运动时虽受奚落,得"妖孽"之称,现在却又很有复辟的趋势了。而《古文观止》也一同渐渐的露了脸。

以《古文观止》和《文选》并称,初看好像是可笑的,但是,在文学上的影响,两者却一样的不可轻视。凡选本,往往能比所选各家的全集或选家自己的文集更流行,更有作用。册数不多,而包罗诸作,固然也是一种原因,但还在近则由选者的名位,远则凭古人之威灵,读者想从一个有名的选家,窥见许多有名作家的作品。所以自汉至梁的作家的文集,并残本也仅存十余家,《昭明太子集》只剩一点辑本了,而《文选》却在的。读《古文辞类纂》者多,读《惜抱轩全集》的却少。凡是对于文术,自有主张的作家,他所赖以发表和流布自己的主张的手段,倒并不在作文心,文则,诗品,诗话,而在出选本。

选本可以借古人的文章,寓自己的意见。博览群籍,采其合于自己意见的为一集,一法也,如《文选》是。择取一书,删其不合于自己意见的为一新书,又一法也,如《唐人万首绝句选》是。如此,则读者虽读古人书,却得了选者之意,意见也就逐渐和选者接近,终于"就范"了。

读者的读选本,自以为是由此得了古人文笔的精华的,殊不知却被选者缩小了眼界,即以《文选》为例罢,没有嵇康《家诫》,使读者只觉得他是一个愤世嫉俗,好像无端活得不快活的怪人;不收陶潜《闲情赋》,掩去了他也是一个既取民间《子夜歌》意,而又拒以圣道的迂士。选本既经选者所滤过,就总只能吃他所给与的糟或醨。况且有时还加以批评,提醒了他之以为然,而默杀了他之以为不然处。纵使选者非常胡涂,如《儒林外史》所写的马二先生,游西湖漫无准备,须问路人,吃点心又不知选择,要每样都买一点,由此可见其衡文之毫无把握罢,然而他是处州人,一定要吃"处片",又可见虽是马二先生,也自有其"处片"式的标准了。

评选的本子,影响于后来的文章的力量是不小的,恐怕还远在名家的专集之上,我想,这许是研究中国文学史的人们也该留意的罢。

11 月 25 日

读几本书[①]

□ 鲁 迅

读死书会变成书呆子,甚至于成为书厨,早有人反对过了,时光不绝的进行,反读书的思潮也愈加彻底,于是有人来反对读任何一种书。他的根据是叔本华的老话,说是倘读别人的著作,不过是在自己的脑里给作者跑马。

这对于读死书的人们,确是一下当头棒,但为了与其探究,不如跳舞,或者空暴躁,瞎牢骚的天才起见,却也是一句值得绍介的金言。不过要明白:死抱住这句金言的天才,他的脑里却正被叔本华跑了一趟马,踏得一塌胡涂了。

现在是批评家在发牢骚,因为没有较好的作品;创作家也在发牢骚,因为没有正确的批评。张三说李四的作品是象征主义,于是李四也自以为是象征主义,读者当然更以为是象征主义。然而怎样是象征主义呢?向来就没有弄分明,只好就用李四的作品为证。所以中国之所谓象征主义,和别国之所谓 Symbolism 是不一样的,虽然前者其实是后者的译语,然而听说梅特林是象征派的作家,于是李四就成为中国的梅特林了。此外中国的法朗士,中国的白璧德,中国的吉尔波丁,中国的高尔基……还多得很。然而真的法朗士他们的作品的译本,在中国却少得很。莫非因为都有了"国货"的缘故吗?

在中国的文坛上,有几个国货文人的寿命也真太长;而洋货文人的可也真太短,姓名刚刚记熟,据说是已经过去了。易卜生大有出全

[①] 本篇最初发表于1934年5月18日《申报·自由谈》。

集之意，但至今不见第三本；柴霍甫和莫泊桑的选集，也似乎走了虎头蛇尾运。但在我们所深恶痛疾的日本，《吉诃德先生》和《一千一夜》是有全译的；莎士比亚，歌德，……都有全集；托尔斯泰的有三种，陀思妥也夫斯基的有两种。

读死书是害己，一开口就害人；但不读书也并不见得好。至少，譬如要批评托尔斯泰，则他的作品是必得看几本的。自然，现在是国难时期，那有工夫译这些书，看这些书呢，但我所提议的是向着只在暴躁和牢骚的大人物，并非对于正在赴难或"卧薪尝胆"的英雄。因为有些人物，是即使不读书，也不过玩着，并不去赴难的。

5月14日

书话五则

□ 周作人

读禁书

禁书目的刻板大约始于《咫进斋丛书》，其后有《国粹学报》的排印本，最近有杭州影印本与上海改编索引式本。这代表三个时期，各有作用；一是讲掌故，学术的；二是排满，政治的；三是查考，乃商业的了。在现今第三时期中，我们想买几本旧书看的人于是大吃其亏，有好些明末清初的著作都因为是禁书的缘故价格飞涨，往往一册书平均要卖十元以上，无论心里怎么想要也终于没有法子可以"获得"。果真是好书善本倒也罢了，事实却并不这样，只要是榜上有名的，在旧书目的顶上便标明禁书字样，价钱便特别地贵，如尹会一王锡侯的著述实在都是无聊的东西，不值得去看，何况更花了大钱。话虽如此，好奇心到底都有的，说到禁书谁都想看一看，虽然那蓝胡子的故事可为鉴戒，但也可以知道禁的效力一半还是等于劝。假如不很贵，王锡侯的《字贯》我倒也想买一部，否则想借看一下如是太贵而别人有这部书。至于看了不免多少要失望，则除好书善本外的禁书大抵都不免，我也是预先承认的。近时上海禁书事件发生，大家谈起来都知道，可是《闲话皇帝》一文谁也没有见过，以前不注意，以后禁绝了。听说从前有《闲话扬州》一文激怒了扬州人，闹了一个小问题，那篇《闲话》我也还不曾见到。这篇《闲话》因为事情更大了，所以设法去借了一个抄本来，从头至尾用心读了一遍，觉得文章还写得漂亮，此外还是大失望。这是我最近读禁书的一个经验。

不过天下事都有例外。我近日看到明末的一册文集，十足有可禁的程度，然而不是禁书。这书叫作《拜环堂文集》，会稽陶崇道著，即陶石篑石梁的侄子，我所有的只是残本，第五六两卷，内容都是尺牍。从前我翻阅姚刻《禁书目》，仿佛觉得晚明文章除七子外皆在禁中，何况这陶路甫的文中有许多奴虏字样，其宜全毁明矣，然而重复检查索引式的《禁书总录》，却终未发见他的名字，这真真是大运气吧。虽然他的文集至今也一样地湮没，但在发现的时候头上可以不至于加上标识，定价也不至过高，我们或者还有得到的机会，那么这又可以算是我们读者的运气了。

文集卷四《复杨修翎总督》云：

"古人以犬羊比夷虏，良有深意。触我啮我则屠之，弭耳乞怜则抚而驯之。"又《与张雨苍都掌科》云：

"此间从虏中逃归者言，虏张甚，日则分掠，暮则饱归，为大头目者二，胡妓满帐中，醉后鼓吹为乐。此虽贼奴常态，然非大创势不即去，奈何。"看这两节就该禁了。此外这类文字尚多，直叙当时的情形，很足供今日的参考。最妙的如《答毛帅（案即毛文龙）》云：

"当奴之初起也，彼密我疏，彼狡我拙，彼合我离，彼捷我钝，种种皆非敌手，及开铁一陷，不言守而言战，不言战而且言剿。正如衰败大户，仍先世馀休，久驾人上，邻居小民见室中虚实，故来挑搏，一不胜而怒目张牙，诧为怪事，必欲尽力惩治之，一举不胜，墙垣户牖尽为摧毁，然后紧闭门扇，面面相觑，各各相讥。此时从颓垣破壁中一人跃起，招摇僮仆，将还击邻居，于是群然色喜，望影纳拜，称为大勇，岂知终是一人之力。"形容尽致，真可绝倒，不过我们再读一遍之后，觉得有点不好单笑明朝人了，仿佛这里还有别的意义，是中国在某一时期的象征，而现今似乎又颇相像了。集中也有别的文章，如《复朱金岳尚书》云：

"凡人作文字,无首无尾,始不知何以开,后不知何以阖,此村郎文字也。有首有尾,未曾下笔,便可告人或用某事作开,或用某事作阖,如观旧戏,锣鼓未响,关目先知,此学究文字也。苏文忠曰,吾文如万斛源泉,不择地而布,行乎不得不行,止乎不得不止。夫所谓万斛者,文忠得而主之者也;不得不行不得不止者,文忠不得而主之者也。识此可以谈文,可以谈兵矣。"作者原意在谈兵,因为朱金岳本来就是兵家,但是这当作谈文看,也说得很有意思。谢章铤《赌棋山庄笔记》云:

"窃谓文之未成体者冗剿芜杂,其气不清,桐城诚为对症之药。然桐城言近而境狭,其美亦殆尽矣,而迤逦陵迟,其势将合于时文。"这所说的正是村郎文字与学究文字,那与兵法合的乃是文学之文耳。陶路甫毕竟是石簣石梁的犹子,是懂得文章的,若其谈兵如何,则我是外行,亦不能知其如何也。

1935 年 8 月 6 日

漫谈《四库全书》

中国读书人说起《四库全书》来,总是五体投地的佩服,这其实是错误的。旧的人不必说了,新的受了欧美人的影响,也都觉得这是一宗了不得的文化遗产,至于它的实在价值却全不大明。《四库》是什么呢?这只是清朝乾隆帝弘历所开办的图书馆,收集的东西虽不少,却都是经过誊写,不讲校勘的抄写本,装潢好看,内容并不可靠,远不及后来诸家各校本之有学术价值,此其一。有些古刊珍本,另存别处,不在《四库》之内,因为《四库全书》是要版本大小一律,都是由举人秀才等手抄而成的。这些科举出身的老爷们本来不懂得什么是学术,抄写编纂只当作差使公事办,而皇帝是天作之圣,君师合一,更是任意妄为,有如乾隆尊崇关羽,改谥法壮缪为忠武,并将陈寿《三国志》里的本文也改掉了。段玉裁《说文解字注》鹿部麇字下注云,"乾隆三十一年，纯皇帝目验御园麋角于冬至皆解，而麋角不解，敕改时宪书之麋角解之麋为麈，臣因知今所谓麈正古所谓麋也。"王筠《说文句读》又部爪字下注云，"《康熙字典》引云，象其甲指端生形，此乃内府善本，筠未曾见。"段王皆是谨饬的学者，绝不敢以文字贾祸，这里却也忍不住要讽刺一下了。清朝系异族，对于书中说到夷夏问题的地方非常注意，古代泛论的悉加删改，近时直说的则全体抹杀，禁书与文字狱是其结果，可以说是《四库全书》的一个大收获，此其二。我们只举前者，即是删改古书的例来看。《四库》中有一部晋皇侃所著的《论语疏》，是极难得的古书，《知不足斋丛书》内有翻刻本，可是这里发现一件怪事，同是知不足斋所刻的，假如你运气够好，便会得到两样不同的本子，请看《八佾》篇"夷狄之有君"一章，底下的两本行款字数都是一样，而文句完全不同。为什么呢？这便因为皇氏原注贬斥夷狄，皇帝见了生气，叫翰林们改，也亏得他们辛苦经营，依照原有字数，改作补人，知不足斋也照样挖改，所以与前印本截然不同了。关于这件事，记得鲁迅曾有文章详细讲过，读者可以查考。康熙乾隆两朝编纂了好些类书，如《康熙字典》、《佩文韵府》、《渊鉴类函》，至今同《四库全书》一样为读书人所称道不衰，这也是中华民族的一个耻辱。《康熙字典》里引《说文》的话，如上文王筠所举出，是在原书中所没有的，可以见一斑，各种错误虽另有高邮王氏的考证，可是字典因为是钦定的书，至今未加改正。似乎现在钦定的权威也还是存在的。而且现今亦还很通行，实在民国以来并不见有更是便宜适用的书出来，可以替代它的。什么时候中国读书人不再迷信《四库全书》，不再依靠《康熙字典》了，那时中国的国文国学才会有转机，这时期或者很快，或者很慢，都是难说。

小人书

这一种书在北方习惯叫"小人书"，不晓得这里是什么名称，在路上却是时常看见，根本和北方是一样的。马路边上摆设一个摊，放着许多横长的小册子，八分图画，两分文字，租给人看，看的人偶然也有大人，但十九都是小孩，所以称做小人书确是名副其实的。我每次看见时总不免发生感慨，这如演说滥调所说的有两个感想。其一是小孩们这样喜欢看书，很是可喜，其二则是大人们的惭愧，我们不曾有什么好书做出来给他们看，神仙妖怪，英雄强盗，才子佳人的故事，古今来写了不少，自然，不能算好，可是现在没有更好的，他们饥不择食的吞吃，这也怪不得他们，同样的怪不得印造和出租的人们。问题是要有好的替代品，要叫穷人莫吃米糖榆树皮，必须供给棒子面小米才行，空讲卫生的道理是没有用。说是没有替代品，那也是不合事实的，市面上的儿童书报出版得很不少了，不过那都是面包洋点心，普通人家是吃不起的，而且吃了也不充饥，乃是一个更大的缺点。花了几百几千的金圆买得一册故事漫画等，一翻就翻完了，现在这时候或者不能单怨书价之贵，而价贵却是事实，其内容之廉则又与其价成反比例，也是一样的事实。我直觉的感到，这些书与其说是为儿童所作，无宁说全是为编者出版者自己而作的，更是近于真理。这句话说得很有点傻，商业的出版本来都是如此，何必大惊小怪，自然也是言之成理，不过我总觉得骗小人手里的铜钱似乎不应该，虽然骗大人没有多大关系，因为他们也在那里骗人的。我看小人书摊上一本本的横长册子，材料虽是陈旧一点，内容总是充实的，结实一厚本，禁得起翻看，同时已赚了钱，总算还对得起主顾的。新的儿童书也要能够这样子，那就好了。可是现今是商业世界，大家讲赚钱愈讲愈精，后来居上，要想劝人赔本或是够本为儿童服务出版，那是道地的梦话，不但听的人要咧了嘴笑，就是自己如不在做梦也是说不出口的。给儿童供给书物，正与整个的儿童教养一样，我想原是国家的责任，应由国家机关大规模的来办，那么大赔其钱可以全不在乎，物美固然难说，而价廉可以做到，其实是货真，即内容总可更为充实了。不过这也是同样的一个梦，是很渺茫的。自然比较上二者也稍有差别，前者之梦有如一匹骆驼通过针眼，只有在戏法中乃能遇见者也。

历史小说

中国的历史小说原是古已有之的，据现代学者的考证，有些宋元刊本的中篇短篇小说，出现于世，都是以历史为题材的，大概可以想见宋朝说史的人所用材料的一斑。不过那些东西读起来也很少兴味，它在社会上的地位大抵从明朝以来早已让给后起的什么演义了。这一类小说，我们从前在书房读书的时候，偷读得很多，只要生书勉强可以背得出，其余的工夫大半便消耗在这些木板小书上，自然大板的也是常有。演义的代表当然要算是《三国》，不过这部书实在浪得虚名，我近年重读一遍，很虚心的体味，总不能知道它的好处何在。我想这本来只是说史的一种演义，即是纲领，只供给说史的一个题目，其余全得凭他在坛上自由发挥补充，有如《黄鹤楼》一剧，《戏考》上本事寥寥几行，唱白另有一本，而周郎之抓雉鸡毛，与刘皇叔之回顾发抖，更在唱戏人之善于表演了。《三国演义》之有名，我想原因在于说书与做戏，而做戏尤其有力，曹操之奸端的由于白脸，关羽之忠也由于红脸而来，若没有这些而单靠一部干燥简单的《三国演义》，一定不会得有那么大的影响与成功。此外演义，不论时代而以重要估算，则为《说岳》、《说唐》，《列国》、《两汉》便差得远了。《水浒传》虽然并不全凭历史，却也可以算在里边，以技术论要说是最高的了，其影响也很不小。明末《三言》、《二拍》等话本都是短篇，有许多也是重述历史的，读过《今古奇观》的人当还能记得。但是我觉得所有这些之中，只有清初的一部《豆棚闲话》，如讲介之推西施叔齐诸篇，都写得很好，有它独特的地方，因此又想起鲁迅的《故事新编》，也是不可多得的佳作，内中有些古典，都有出处，有些今事，尚待索隐，读者往往容易忽略过去，正是很可惜的事。

治家格言

　　中国读书人中间从前有两个偶像，一文一武，都很是有害，这便是所谓关公的关羽，与朱子的朱熹。若只是《三国演义》里的关云长，那么其弊也止于学桃园结义，成为一群破靴党，横行一时罢了，他们却另有经典，信奉伏魔大帝关圣帝君，于是乌烟瘴气的道士思想与封建的三纲主义相结合，仿佛是砒霜上加了鸦片了。朱熹本来是个江湖派，他反对佛教，实际上偷了禅理加入道学中间，一面又非常佩服《参同契》，可见他是与道士思想很有渊源，换句话说，他也正是具有宗教与礼教两种成分的人物，其与关羽同为读书人所信奉原是当然的了。他们的信徒全是道士派的儒教徒，说得好一点即是乡愿，他们的经典是《阴骘文》、《感应篇》与《觉世真经》，比较不明显的一批是《二十四孝》与朱子《治家格言》。《治家格言》本是清初朱柏庐所作，世人却都说是朱熹的，他曾经编过《二十四孝》这种荒唐书，那么现在这么说也不能算辱没了他吧。蒋二秃子部下，特别是特务关系的家伙，都很崇拜朱子《治家格言》，当出于秃子的指示，这也正足以证明这格言的价值是如何了。

我之于书

□ 夏丏尊

二十年来，我生活费中至少十分之一二是消耗在书上的。我的房子里比较贵重的东西就是书。

我一向没有对于任何问题作高深研究的野心，因之所买的书范围较广，宗教、艺术、文学、社会、哲学、历史、生物，各方面差不多都有一点。最多的是各国文学名著的译本，与本国古来的诗文集，别的门类只是些概论等类的入门书而已。

我不喜欢向别人或图书馆借书。借来的书，在我好像过不来瘾似的，必要是自己买的才满足。这也可谓是一种占有的欲望。买到了几册新书，一册一册地加盖藏书印记，我最感到快悦的是这时候。

书籍到了我的手里。我的习惯是先看序文，次看目录。页数不多的往往立刻通读，篇幅大的，只把正文任择一二章节略加翻阅，就插在书架上。除小说外，我少有全体读完的大部的书，只凭了购入当时的记忆，知道某册书是何种性质，其中大概有些什么可取的材料而已。什么书在什么时候再去读再去翻，连我自己也无把握，完全要看一个时期一个时期的兴趣。关于这事，我常自比为古时的皇帝，而把插在架上的书譬诸列屋而居的宫女。

我虽爱买书，而对于书却不甚爱惜。读书的时候，常在书上把我所认为要紧的处所标出，线装书大概用笔加圈，洋装书竟用红铅笔划粗粗的线，经我看过的书，统体干净的很少。

据说，任何爱吃糖果的人，只要叫他到糖果铺中去做事，见了糖果就会生厌。自我入书店以后，对于书的贪念也已消除了不少了，可是仍不免要故态复萌，想买这种，想买那种。这大概因为糖果要用嘴去吃，摆存毫无意义，而书则可以买了不看，任其只管插在架上的缘故吧。

读书与用书

□ 陶行知

（一）三种人的生活

中国有三种人：书呆子是读死书，死读书，读书死。工人、农人、苦力、伙计是做死工，死做工，做工死。少爷、小姐、太太、老爷是享死福，死享福，享福死。

（二）三帖药

书呆子要动动手，把那呆头呆脑的样子改过来，你们要吃一帖"手化脑"才会好。我劝你们少读一点书，否则在脑里要长"瘩块"咧。工人、农人、苦力、伙计要多读一点书，吃一帖"脑化手"，否则是一辈子要"劳而不获"。少爷、小姐、太太、老爷！你们是快乐死了。好，愿意死就快快地死掉吧。我代你们挖坟墓。倘使不愿死，就得把手套解掉，把高跟鞋脱掉，把那享现成福的念头打断，把手儿、头脑儿拿出来服侍大众并为大众打算。药在你们自己的身上，我开不出别的药方来。

（三）读书人与吃饭人

与读书联成一气的有"读书人"一个名词。假使书是应该读的，便应使人人有书读；决不能单使一部分的人有书读叫做读书人，又一部分的人无书读叫做不读书人。比如饭是必须吃的便应使人人有饭吃；决不能使一部分的人有饭吃叫做吃饭人，又一部分的人无饭吃叫做不吃饭人。从另一面看,只知道吃饭,不成为饭桶了吗?只知道读书,别的事一点也不会做,不成为一个活书架了吗?

(四)吃书与用书

有些人叫做蛀书虫。他们把书儿当作糖吃,甚至于当作大烟吃。吃糖是没有人反对,但是整天的吃糖,不要变成一个糖菩萨吗?何况是连日带夜的抽大烟,怪不得中国的文人,几乎个个黄皮骨瘦,好像鸦片烟鬼一样,我们不能否认,中国是吃书的人多,用书的人少。现在要换一换方针才行。

书只是一种工具,和锯子、锄头一样,都是给人用的。我们与其说"读书",不如说"用书"。书里有真知识和假知识。读它一辈子不能分辨它的真假;可是用它一下,书的本来面目就显了出来,真的便用得出去,假的便用不出去。

农人要用书,工人要用书,商人要用书,兵士要用书,医生要用书,画家要用书,教师要用书,唱歌的要用书,做戏的要用书,三百六十行,行行要用书,行行都成了用书的人,真知识才愈益普及,愈易发现了。书是三百六十行之公物,不是读书人所能据为私有的。等到三百六十行都是用书人,读书的专利便完全打破,读书人除非改行,便不能混饭吃了。好,我们把我们所要用的书找出来吧。

用书如用刀,
不快就要磨。
呆磨不切菜,
怎能见婆婆。

(五)书不可尽信

孟子说:"尽信书则不如无书。"在书里没有上过大当的人,决不能说出这一句话来。连字典有时也不可以太相信。第五十一期的《论语》①的《半月要闻》内有这样一条：

据二卷十二期《图书评论》载：《王云五大辞典》将汤玉麟之承德归入察哈尔，张家口"收回"入河北，瀛台移入"故宫太液池"，雨花台移入南京"城内"，大明湖移出"历城县西北"。

我叫小孩子们查一查《王云五大辞典》，究竟是不是这样，小孩们的报告是，《王云五大辞典》真的弄错了。只有一条不能断定。南京有内城、外城，雨花台是在内城之外，但是否在外城之内，因家中无志书，回答不出。总之，书不可尽信，连字典也不可尽信。

（六）戴东原的故事

书既不可以全信，那么，应当怀疑的地方就得问。学非问不明。戴东原先生在这一点上是给了我们一个很好的引导。东原先生十岁才能开口讲话，《大学》有经一章，传十章。有一条注解说这一章经是孔子的话，由曾子写的；那十章传是曾子之意，由他的门徒记下来的。东原先生问塾师怎样知道是如此。塾师说："朱文公（夫子）是这样注的。"他问朱文公是何时人。塾师说："是宋朝人"。他又问孔子和曾子是何时人。塾师说是周朝人。"周朝离宋朝有多少年代？""差不多是二千年了。""那么，朱文公怎样能知道呢？"塾师答不出。赞叹了一声说："这真是个非常的小孩子呀！"

（七）王冕的故事

王冕十岁时，母亲叫他到面前说："儿啊！不是我有心耽误你，只因你父亲死后，我一个寡妇人家，年岁不好，柴米又贵，这几件旧衣服和旧家伙都当卖了。只靠我做些针线生活寻来的钱，如何供得你读书？如今没奈何，把你雇到隔壁人家放牛，每月可得几钱银子，你又有现成饭吃，只在明天就要去了。"王冕说："娘说的是。我在学堂里坐着，心里也闷，不如往他家放牛，倒快活些。假如我要读书，

---

① 《论语》文艺半月刊，1932年9月16日创刊于上海，林语堂主编。

依旧可以带几本去读。"王冕自此只在秦家放牛。……每日点心钱也不用掉,聚到一两个月,偷空走到村学堂里,见那闯学堂的书客,就买几本旧书,逐日把牛拴了,坐在柳荫树下看。

现在学校教育是对穷孩子封锁,有钱、有闲、有面子才有书念。我们穷人就不要求学吗?不,社会就是我们的大学。关在门外的穷孩子,我们踏着王冕的脚迹来攀上知识的高塔吧。

读书[1]

□ 胡 适

"读书"这个题,似乎很平常,也很容易。然而我却觉得这个题目很不好讲。据我所知,"读书"可以有三种说法:

(一)要读何书　关于这个问题,《京报副刊》[2]上已经登了许多时候的"青年必读书";但是这个问题,殊不易解决,因为个人的见解不同,个性不同。各人所选只能代表各人的嗜好,没有多大的标准作用。所以我不讲这一类的问题。

(二)读书的功用　从前有人作"读书乐",说什么"书中自有千种粟,书中自有黄金屋,书中自有颜如玉",现在我们不说这些话了。要说,读书是求知识,知识就是权力。这些话都是大家会说的,所以我也不必讲。

(三)读书的方法　我今天是要想根据个人所经验,同诸位谈谈读书的方法。我的第一句话是很平常的,就是说,读书有两个要素:

第一要精,

第二要博。

---

[1] 写于1925年4月22日,最初发表在《学生杂志》12卷12号,后收入《胡适文存三集》卷二。
[2]《京报副刊》:"五四"时期有重大影响的报纸副刊之一。孙伏园编辑,1924年创刊,每日一号,1926年被奉系军阀封闭而停刊,共出477号。与《学灯》(《时事新报》副刊)、《觉悟》(《民国日报》副刊)、《晨报副镌》(《晨报》副刊)并称为"四大副刊"。

现在先说什么叫"精"。

我们小的时候读书，差不多每个小孩都有一条书签，上面写十个字，这十个字最普遍的就是："读书三到：眼到，口到，心到"。现在这种书签虽不用，三到的读书法却依然存在。不过我以为读书三到是不够的；须有四到，是："眼到，口到，心到，手到"。我就拿它来说一说。

眼到是要个个字认得，不可随便放过，这句话起初看去似乎很容易，其实很不容易。读中国书时，每个字的一笔一画都不放过。近人费许多工夫在校勘学上，都因古人忽略一笔一画而已。读外国书要把A，B，C，D，……等字母弄得清清楚楚。所以说这是很难的。如有人翻译英文，把 port 看作 pork，把 oats 看作 oaks，于是葡萄酒一变而为猪肉，小草变成了大树。说起来这种例子很多，这都是眼睛不精细的结果。书是文字做成的，不肯仔细认字，就不必读书。眼到对于读书的关系很大，一时眼不到，贻害很大，并且眼到能养成好习惯，养成不苟且的人格。

口到是一句一句要念出来。前人说口到是要念到烂熟背得出来。我们现在虽不提倡背书，但有几类的书，仍旧有熟读的必要；如心爱的诗歌，如精彩的文章，熟读多些，于自己的作品上也有良好的影响。读此外的书，虽不须念熟，也要一句一句念出来，中国书如此，外国书更要如此。念书的功用能使我们格外明了每一句的构造，句中各部分的关系。往往一遍念不通，要念两遍以上，方才能明白的。读好的小说尚且要如此，何况读关于思想学问的书呢？

心到是每章每句每字意义如何？何以如是？这样用心考究。但是用心不是叫人枯坐冥想，是要靠外面的设备及思想的方法的帮助。要做到这一点，须要有几个条件：

（一）字典，辞典，参考书等等工具要完备。这几样工具虽不能办到，也当到图书馆去看。我个人的意见是奉劝大家，当衣服，卖田地，至少要置备一点好的工具。比如买一本《韦氏大字典》，胜于请几个先生。这种先生终身跟着你，终身享受不尽。

（二）要做文法上的分析。用文法的知识，作文法上的分析，要懂得文法构造，方才懂得它的意义。

（三）有时要比较参考，有时要融会贯通，方能了解。不可但看字面。一个字往往有许多意义，读者容易上当。例如 turn 这字：

作外动字解有十五解，

作内动字解有十三解，

作名词解有二十六解，

　　共五十四解，而成语不算。

又如 Strike：

作外动字解有三十一解，

作内动字解有十六解，

作名词解有十八解，

　　共六十五解。

又如 go 字最容易了，然而这个字：

作内动字解有二十二解，

作外动字解有三解，

作名词解有九解，

　　共三十四解。

以上是英文字须要加以考究的例。英文字典是完备的；但是某一字在某一句究竟用第几个意义呢？这就非比较上下文，或贯串全篇，不能懂了。

中文较英文更难，现在举几个例：

祭文中第一句"维某年月日"之"维"字，究作何解？字典上说它是虚字，《诗经》里"维"字有二百多，必需细细比较研究，然后知道这个字有种种意义。

又《诗经》之"于"字，"之子于归""凤凰于飞"等句，"于"字究作何解？非仔细考究是不懂的。又"言"字人人知道，但在《诗经》中就发生问题，必须比较，然后知"言"字为联接字。诸如此例甚多，中国古书很难读，古字典又不适用，非是用比较归纳的研究方法，我们如何懂得呢？

总之，读书要会疑，忽略过去，不会有问题，便没有进益。

宋儒张载说："读书先要会疑。于不疑处有疑，方是进矣。"他又说："在可疑而不疑者，不曾学。学则须疑。"又说："学贵心悟，守旧无功。"

宋儒程颐说："学原于思。"

这样看起来，读书要求心到；不要怕疑难，只怕没有疑难。工具要完备，思想要精密就不怕疑难了。

现在要说手到。手到就是要劳动劳动你的贵手。读书单靠眼到，口到，心到，还不够的；必须还得自己动动手，才有所得。例如：

（1）标点分段，是要动手的。

（2）翻查字典及参考书，是要动手的。

（3）做读书札记，是要动手的。札记又可分四类：

  （a）抄录备忘。

  （b）作提要，节要。

  （c）自己记录心得。张载说："心中苟有所开，即便札记。不则还塞之矣。"

  （d）参考诸书，融会贯通，作有系统的著作。

手到的功用。我常说：发表是吸收知识和思想的绝妙方法。吸收进来的知识思想，无论是看书来的，或是听讲来的，都只是模糊零碎，都算不得我们自己的东西。自己必须做一番手脚，或做提要，或做说明，或做讨论，自己重新组织过，申叙过，用自己的语言记述过，——那种知识思想方才可算是你自己的了。

我可以举一个例。你也会说"进化"，他也会谈"进化"，但你对于"进化"这个观念的见解未必是很正确的，未必是很清楚的；也许只是一种"道听途说"，也许只是一种时髦的口号。这种知识算不得知识，更算不得是"你的"知识。假使你听了我这句话，不服气，今晚回去就去遍翻各种书籍,仔细研究进化论的科学上的根据;假使你翻了几天书之后,发愤动手,把你研究所得写成一篇读书札记;假使你真动手写了这么一篇"我为什么相信进化论?"的札记,列举了:

(一)生物学上的证据,

(二)比较解剖学上的证据,

(三)比较胚胎学上的证据,

(四)地质学和古生物学上的证据,

(五)考古学上的证据,

(六)社会学和人类学上的证据。

到这个时候,你所有关于"进化论"的知识,经过了一番组织安排,经过了自己的去取叙述,这时候这些知识方才可算是你自己的了。所以我说,发表是吸收的利器;又可以说,手到是心到的法门。

至于动手标点,动手翻字典,动手查书,都是极要紧的读书秘诀,诸位千万不要轻轻放过。内中自己动手翻书一项尤为要紧。我记得前几年我曾劝顾颉刚先生标点姚际恒的《古今伪书考》。当初我知道他的生活困难,希望他标点一部书付印,卖几个钱。那部书是很薄的一本,我以为他一两个星期就可以标点完了。哪知顾先生一去半年,还不曾交卷。原来他于每条引的书,都去翻查原书,仔细校对,注明出处,注明原书卷第,注明删节之处。他动手半年之后,来对我说,《古今伪书考》不必付印了,他现在要编辑一部疑古的丛书,叫做"辨伪丛刊"。我很赞成他这个计划,让他去动手。他动手了一两年之后,更进步了。又超过那"辨伪丛刊"的计划了,他要自己创作了。他前年以来,对于中国古史,做了许多辨伪的文字;他眼前的成绩早已超过崔述了,更不要说姚际恒了。顾先生将来在中国史学界的贡献一定不可限量,但我们要知道他成功的最大原因是他的手到的工夫勤而且精。我们可以说,没有动手不勤快而能读书的,没有手不到而能成学者的。

第二要讲什么叫"博"。

什么书都要读,就是博。古人说:"开卷有益",我也主张这个意思,

所以说读书第一要精,第二要博。我们主张"博"有两个意思:

第一,为预备参考资料计,不可不博。

第二,为做一个有用的人计,不可不博。

第一,为预备参考资料计。

在座的人,大多数是戴眼镜的。诸位为什么要戴眼镜?岂不是因为戴了眼镜,从前看不见的,现在看得见了;从前很小的,现在看得很大了;从前看不分明的,现在看得清楚分明了?王荆公说得最好:

世之不见全经久矣。读经而已,则不足以知经。故某目百家诸子之书,至于《难经素问本草》诸小说,无所不读;农夫女工,无所不问;然后于经为能知其大体而无疑。盖后世学者与先王之时异矣;不如是,不足以尽圣人故也。……致其知而后读,以有所去取,故异学不能乱也。惟其不能乱,故能有所去取者,所以明吾道而已。(答曾子固)

他说:"致其知而后读。"又说:"读经而已,则不足以知经。即如《墨子》一书在一百年前,清朝的学者懂得此书还不多。到了近来,有人知道光学,几何学,力学,工程学等……,一看《墨子》,才知道其中有许多部分是必须用这些科学的知识方才能懂的。后来有人知道了伦理学,心理学……等,懂得《墨子》更多了。读别种书愈多,《墨子》愈懂得多。

所以我们也说,读一书而已则不足以知一书。多读书,然后可以专读一书。譬如读《诗经》,你若先读了北大出版的《歌谣周刊》便觉得《诗经》好懂的多了;你若先读过社会学,人类学,你懂得更多了;你若先读过文字学,古音韵学,你懂得更多了,你若读过考古学,比较宗教学等,你懂得的更多了。

你要想读佛家唯识宗的书吗?最好多读点伦理学,心理学,比较宗教学,变态心理学。

无论读什么书总要多配几副好眼镜。

你们记得达尔文研究生物进化的故事吗？达尔文研究生物演变的现状，前后凡三十多年，积了无数材料，想不出一个简单贯串的说明。有一天他无意中读马尔萨斯的人口论，忽然大悟生存竞争的原则，于是得着物竞天择的道理，遂成一部破天荒的名著，给后世思想界打开一个新纪元。

所以要博学者，只是要加添参考的材料，要使我们读书时容易得"暗示"；遇着疑难时，东一个暗示，西一个暗示，就不至于呆读死书了。这叫做"致其知而后读"。

第二，为做人计。

专工一技一艺的人，只知一样，除此之外，一无所知。这一类的人，影响于社会很少。好有一比，比一根旗杆，只是一根孤拐，孤单可怜。

又有些人广泛博览，而一无所专长，虽可以到处受一班贱人的欢迎，其实也是一种废物。这一类人，也好有一比，比一张很大的薄纸，禁不起风吹雨打。

在社会上，这两种人都是没有什么大影响，为个人计，也很少乐趣。

理想中的学者，既能博大，又能精深。精深的方面，是他的专门学问。博大的方面，是他的旁搜博览。博大要几乎无所不知，精深要几乎惟他独尊，无人能及。他用他的专门学问做中心，次及于直接相关的各种学问，次及于间接相关的各种学问，次及于不很相关的各种学问，以次及毫不相关的各种泛览。这样的学者，也有一比，比埃及的金字三角塔。那金字塔高四百八十英尺，底边各边长七百六十四英尺。塔的最高度代表最精深的专门学问；从此点以次递减，代表那旁收博览的各种相关或不相关的学问。塔底的面积代表博大的范围，精深的造诣，博大的同情心。这样的人，对社会是极有用的人才，对自己也能充分享受人生的趣味。宋儒程颢说的好：

须是大其心使开阔：譬如为九层之台须大做脚始得。

博学正所以"大其心使开阔"。我曾把这番意思编成两句粗浅的口号,现在拿出来贡献给诸位朋友,作为读书的目标:

> 为学要如金字塔,
> 要能广大要能高。

十四,四,廿二夜改稿

为什么要读书

□ 胡　适

青年会叫我在未离南方赴北方之前在这里谈谈，我很高兴，题目是"为什么要读书"。现在读书运动大会开始，青年会拣定了三个演讲题目。我看第二个题目"怎样读书"很有兴味，第三个题目"读什么书"更有兴味，第一个题目无法讲，"为什么要读书"连小孩子都知道，讲起来很难为情，而且也讲不好。所以我今天讲这个题目，不免要侵犯其余两个题目的范围，不过我仍旧要为其余两位演讲的人留一些余地。现在我就把这个题目来试一下看。我从前也有过一次关于读书的演讲，后来我把那篇演讲录略事修改，编入三集文存里面，那篇文章题目叫做《读书》，其内容性质较近于第二个题目，诸位可以拿来参考。今天我就来试试"为什么要读书"这个题目。

从前有一位大哲学家（宋真宗——编者）做了一篇《读书乐》，说到读书的好处，他说："书中自有千钟粟，书中自有黄金屋，书中自有颜如玉。"这意思就是说，读了书可以做大官，获厚禄，可以不至于住茅草房子，可以娶得年轻的漂亮太大（台下哄笑）。诸位听了笑起来，足见诸位对于这位哲学家所说的话不十分满意，现在我就讲所以要读书的别的原因。

为什么要读书？有三点可以讲：第一，因为书是过去已经知道的知识学问和经验的一种记录，我们读书便是要接受这人类的遗产；第二，为要读书而读书，读了书便可以多读书；第三，读书可以帮助我们解决困难，应付环境，并可获得思想材料的来源。我一踏进青年会的大门,就看见许多关于读书的标语。为什么读书大概诸位看了这些标语就都已知道了,现在我就把以上三点更详细地说一说。

第一,因为书是代表人类老祖宗传给我们的知识的遗产,我们接受了这遗产,以此为基础,可以继续发扬光大,更在这基础之上,建立更高深更伟大的知识。人类之所以与别的动物不同,就是因为人有语言文字,可以把知识传给别人,又传至后人,再加以印刷术的发明,许多书报便印了出来。人的脑很大,与猴不同,人能造出语言,后来更进一步而有文字,又能刻木刻字,所以人最大的贡献就是能累积过去的知识和经验,使后人可以节省很多脑力。非洲野蛮人在山野中遇见鹿,他们就画了一个人和一只鹿以代信,给后面的人叫他们勿追。但是把知识和经验遗给儿孙有什么用处呢?这是有用处的,因为这是前人很好的教训。现在学校里各种教科书,如物理、化学、历史等等,都是根据几千年来进步的知识编纂成书的,一年、两年,或者三年教完一科。自小学、中学,而至大学毕业,这十六年所受的教育,都是代表我们老祖宗几千年来得来的知识学问和经验,所谓进化,就是叫人节省劳力。蜜蜂虽能筑巢,能发明,但传下来就只有这一点知识,没有继续去改革改良,以应付环境,没有做格外进一步的工作。人呢,达不到目的,就再去求进步,而以前人的知识学问和经验作参考。如果每样东西,要个个人从头学起,而不去利用过去的知识,那不是太麻烦了吗?所以人有了这知识的遗产,就可以自己去成家立业,就可以缩短工作,使有余力做别的事。

第二点稍复杂,就是为读书而读书,力求过去的知识而读书。不错,知识可以从书本中得来,但读书不是那么容易的一件事情,不读书不能读书,要能读书才能多读书。好比戴了眼镜,小的可以放大,模糊的可以看得清楚,远的可以变近,所以读书要戴眼镜。不读书,学问不能进去,读书没有门径,学问也不能进去。曾子固说过:"经而已不足以致经",所以他对于《本草纲目》、内经、小说,无所不读,这样对于经才可以明白一些,所谓"致已知而后读",读书无非扩充知识而已。我十二岁时，各种小说都看得懂，到了三十年以后，再回头看，很多不懂。讲到诗经，从前以为讲的是男女爱情、文王后妃一类的事，从前是戴了一副黑眼镜去看，现在换了一副眼镜，觉得完全不同。现在才知道诗经和民间歌谣很有关系。对于民间歌谣的研究，近来很有进步，北平有歌谣周刊，歌谣丛书，关于各地歌谣收罗很广。我们如果能把歌谣的文章，社会学，人类学，研究一下，就可以知道幼稚时代的环境和生活很有趣味，例如诗经里有一段说："白茅包之，有女怀春，吉士诱之。"在从前眼光看来，觉得完全讲不通，现在才知道当时野蛮人社会有一种风俗，就是男子向女子求婚，要打野兽送到女家，若不收，便是不答应。还有诗经里"窈窕淑女"一节，从比较民族学眼光看来，我们可以知道当时社会的人，吃饭时可以打鼓弹琴，丝毫没有受礼教的束缚。再从文法方面来观察，像诗经里"之子于归"、"黄鸟于飞"、"凤凰于飞"的"于"字，此外，诗经里又有几百个"维"字，这些都是有作用无意义的虚字，但以前的人却从未注意及此。所以书是越看越有意义，书越多读越能读书。再说在《墨子》一书里，差不多各种学问都有，像光学、力学、逻辑、算学、几何学上的圆和平行线，以及经济学上的购买力和货币，几乎什么都讲到了，但你要懂得光学，才能懂得墨子所说的光，你要懂得各种知识，才能懂得墨子。总之，读书是为了要读书，多读书更可以读书。最大的毛病就在怕读书，怕书难读。越难读的书我们越要征服它们，把它们作为我门的奴隶或向导。我们要打倒难读，这才是我们的"读书乐"，若是我们有了基础的科学知识，那么，我们在读书时便能左右逢源。我再说一遍，读书的目的在于读书，要读书越多才可以读书越多。

第三点，读书可以帮助解决困难，应付环境，供给思想材料，知识是思想材料的来源。思想可分作五步，思想的起源是大的疑问。吃饭拉屎不用想，但逢着三叉路口，十字街头那样的环境，就发生困难了。走东或是走西，这样做或是那样做，困难很多。病有各样的病，发烧，头痛，多得很。第二步要把问题弄清，困难弄清。第三步才想到如何解决。

读书就是出主意,暗示,但主意很多,于是又逢着困难。主意多少要看学问多少,都采用也不行。第四步就是要选择一个假定的解决方法。要想到这一个方法能不能解决,若不能,那么,就换了一个,若能就行了。这好比开锁,这一个钥匙开不出就换了一个,假定是可以开的,那么,问题就解决了。第五步就是试验。凡是有条理的思想都要经过这五步,或是逃不了这五个阶段。科学家要解决问题,侦探要侦探案件,多经过这五步。第三步主意或暗示很多,若无主意,便无办法,没有主意,便不知道怎样办,这是因为知识不够,学力不足,经验不丰富,从来没有想到,所以到要解决问题时便没有材料。读书是过去知识学问经验的记录,而知识学问经验就是要用在这时候,所谓养军千日,用兵一朝。否则,学问一些都没有,遇到困难就要糊涂起来。例如达尔文把生物变迁现象研究了几十年,却想不出什么原则去解决,后来无意中看到马尔萨斯的《人口论》,说人口是按照几何学级数一倍一倍地增加,粮食是按照数学级数增加,达尔文研究了这原则,忽然触机,就把这原则应用到生物学上去,创了物竞天择的学说。譬如一条鱼可以产生二百万鱼子,这样,太平洋应该占满了,然而大鱼要吃小鱼,更大的鱼要吃大鱼,所以生物要适应环境才能生存。但按照经济学原则,达尔文主义是很没有条理的,而我们读书就是要解决这个困难。又譬如从前的人以为地球是世界的中心,后来天文学家哥白尼却主张太阳是世界的中心,绕着地球而行。据罗素说,哥白尼所以这样的解说,是因为希腊人已经讲过这句话,哥白尼想到了这句话可以解决这问题,便采用了。假使希腊没有这句话,在六十几年之后恐怕没有人敢说这句话吧。这就是读书的好处。像这样当初逢着困难后来得到解决的事很多,单说我个人就有许多。在我的书房里有一部小说叫作《醒世姻缘》,是西周生所著,自然用的是假名字,这是17、18世纪间的出品,印好在家藏了六年。这部小说讲到婚姻问题,其内容是这样:有个好老婆,不知何故,后来忽然变坏,作者没有提及解决方法，也没有想到可以离婚，只说是前世作孽，因为在前世男虐待女，女就投生换样子，压迫者变为被压迫者。这种前世作孽，起先相爱，后来忽变的故事，我仿佛什么地方看见过，后来在《聊斋》一书中见到一篇和这相类似的笔记，也是说到一个女子，起先怎样爱着她的丈夫，后来怎样变为凶太太，便想到这部小说大约是蒲留仙或是蒲留仙的朋友做的。去年我看到一本杂志，也说是蒲留仙做的，不过没有证据。今年我在北平，才找到了证据。这一件事可以解释刚才我所说的第二点，就是读书是为了要读书而读书，同时也可以解释第三点，就是读书可以供给出主意的来源。当初若是没有主意，到了逢着困难时便要手足无措，所以读书可以解决问题，就是军事、政治、财政、思想等问题，也都可以解决，这就是读书的用处。我有一位朋友，有一次傍着洋灯看小说，洋灯装有油，但是不亮，因为灯心短了。于是他想到《伊索寓言》里有一篇故事，说是一只老鸦要喝瓶中的水，因为瓶太小，得不到水，它就衔石投瓶中，水乃上来。这位朋友是懂得化学的，加水于灯中恐怕不亮，于是投以铜元，油乃碰到灯心。这是看《伊索寓言》看小说给他的帮助。读书好像用兵，养兵求其能用，否则即使有十万、二十万的大兵也没有用处，有的时候还要兵变呢。

至于"读什么书"，下次陈中凡先生要讲演，今天我也附带他讲一讲。我从五岁起到了四十岁，读了三十五年的书。究竟有几部书应该读，我也曾经想过。其中有条理有系统的书可以说是还没有两三部，至于精心结构之作，二千五百年以来恐怕只有半打。譬如老子这部书，今天说一句"道可道"，明天又说一句"非常道"，没有一些系统。集是杂货店，史和子还是杂货店。至于诗经礼记易经也只有一点形式，讲到内容，可以说没有一些东西可以给我们改进道德增进知识的帮助的。中国书不够读乐趣，我们要另开生路，辟殖民地。读书要读到有乐而无苦。能做到这地步，书中便有无穷。希望大家不要怕读书，起初的确要查阅字典，但假使能下一年苦功，能把所读的书的内容句句分析清楚，这样的继续不断做去，那么，在一二年中定可开辟一个乐园，还只怕求知的欲望太大，来不及读呢。我总算是老大哥，今天我就根据我过去三十五年读书的经验，给你们一些贡献。

卖　书

□ 郭沫若

我平生受苦了文学的纠缠,我想丢掉它也不知道有过多少次了,小的时候便喜欢读《楚辞》、《庄子》、《史记》、《唐诗》,但在1913年出省的时候,我便全盘把它们丢了。1914年正月我初到日本来的时候,只带着一部《文选》。这是1913年的年底在北京琉璃厂的旧书店里买的。走的时候本来也想丢掉它,是我大哥劝我,没有把它丢掉。但我在日本的起初一两年,它被丢在我的箱里,没有取出来过。

在日本住久了,文学趣味不知不觉之间又抬起头来。我在高等学校快要毕业的时候,又收集了不少的中外的文学书籍了。

那是1918年的初夏,我从冈山的第六高等学校毕了业,以后是要进医科大学了。我决心要专精于医学,文学书籍又不能不和它们断缘了。

我下了决心,又先后把我贫弱的藏书送给了友人。当我要离开冈山的前一天,剩着《庾子山全集》和《陶渊明全集》两书还在我的手里。这两部书我实在是不忍丢掉,但又不能不丢掉。这两部书和科学精神实在是不相投合的,那时候我因为手里没有多少钱,便想把这两位诗人拿去拍卖。我想起日本人是比较尊重汉籍的,这两部书或者可以卖得一些钱。

那是晚上,天在下雨。我打起一把雨伞走上冈山市去。走到一家书店里我去问了一声。我说,"我有几本中国书……"

话还没有说完,坐店的一位年青的日本人,在怀里操着两只手,粗暴地反问着对,"你有几本中国书?怎么样?"

我说："想让给你。"

——"哼，"他从鼻孔里哼了一声，又把下颚向店外指了一下，"你去看看招牌吧，我不是买旧书的人！"说着把头掉开了。

我碰了这样一个大钉子，很失悔。这位书贾太不把人当钱了！我就偶尔把招牌认错，也犯不着以这样侮慢的态度来对待我！我抱着书仍旧回到寓所去。路从冈山图书馆经过的时候，我突然对于它生出了惜别意来。这儿是使我认识了斯宾诺沙、泰戈尔、伽比儿、歌德、海涅、尼采诸人的地方。我的青年时代的一部分是埋葬在这儿的。我便想把我时下挟着的两部书寄付在这儿，我一下了决心，便把书抱进馆去。那时因为下雨，馆里看书的一个人也没有。我向一位馆员交涉，说我愿意寄付两部书。馆员说馆长回家去了，叫我明天再来。我觉得这是再好也没有的，便把书交给了馆员，说明天再来，便各自走了。

啊，我平生没有遇着过这样快心的事。我把书寄付了之后，觉得心里非常恬静，非常轻松。雨伞上滴落着的雨声都带着音乐的谐调，赤足上蹴触着的行潦也觉得爽腻。啊，那爽腻的感觉！我想就是那酥脚上受着玛格达伦用香油涂抹时的感觉，也不过这样吧？——这样的感觉，到现在好像也还留在脚上，但已经隔了六年了。

把书寄付后的第二天，我便离去了冈山。我在那天不消说没有往图书馆去。六年来，我乘火车虽然前前后后地也经过冈山五六次，但都没有机会下车。在冈山三年间的生活回忆时常在我脑中苏活着；但恐怕永没有重到那儿的希望了？

啊，那儿有我和芳坞同过学的学校，那儿有我和晓芙同住过的小屋，那儿有我时常去登临的操山，那儿有我时常去划船的旭川，那儿有我每天清早上学、每晚放学必然通过的清丽的后乐园，那儿有过一位最后送我上火车的处女，这些都是使我永远不能忘怀的地方。但我现在最初想到的是我那《庾子山集》和《陶渊明集》的两部书呀！我那两部书不知道是否安然寄放在图书馆里？无名氏的寄付，未经馆长的过目，不知道是否遭了登录？看那样书籍的人，我怕近代的日本人中少有吧?即使遭了登录,想来也一定被置诸高阁,或者是被蠹鱼蛀食了。啊,但是哟,我的庾子山!我的陶渊明!我的旧友们哟!你们不要埋怨我的抛撇!你们也不要埋怨知音的寥落!我虽然把你们抛撇了,但我到了现在也还在镂心刻骨地思念着你们。你们即使不遇知音,但假如在图书馆中健在,也比落在贪焚的书贾手中经过一道铜臭的烙印的,总要幸福得多吧?

啊,我的庾子山!我的陶渊明!旧友们哟!现在已是夜深;也是正在下雨的时候,我寄居在这儿的山中,也和你们冷藏在图书馆里的一样。但我想起六年前和你们别离的那个幸福的晚上,我觉得我也算不曾虚度此生了。

你们的生命是比我长久的,我的骨化成灰、肉化成泥时,我的神魂是借着你们永在。

读书与求学

□ 孙伏园

四十岁以上的人,每把求学叫做读书;这读书,也就是四十岁以下的人所称的求学。(虽然四十岁只是一句含混话,并不极端附和钱玄同先生一过四十岁即须枪毙之说,但是到底隐隐约约有一条鸿沟,横在三五十岁中间的某一年或几年,也是不必讳言的事实。)

理由是:四十岁以上的人,一说到求学,即刻会引起他那囊萤映雪,窗下十年的读书生活,所以他以为书中自有黄金屋,书中自有颜如玉,读书以外无求学;要求学惟有读书。而四十岁以下的人,在他们年幼的时候,新教育已经发现了曙光,知道求学不必限于读书,于是轻轻易易的,把年长者认为读书这件事,用求学两个字来代替了。

拿小学校来讲,校内功课共有七八种,国文只占七八种中之一种;国文之中,造句也,缀字也,默写也,问答也,而读书又只占四五种中之一种。中学大学也如此,有试验室,有运动场,有植物园,有音乐会,有各种交际,种种分子凑合而成为所谓求学,读书更是其中的小部分了。

有的前辈先生说:学生只准读书,不准做别的事。试设身处地一想,青年学子要不要怒发冲冠,直骂他为昏庸老朽!因为青年一听见他这句话,立刻就要想到,"然则我们踢一脚球,走一趟校园,拿一支试验管也犯罪了,这还成什么世界!"其实呢,前辈先生口中的所谓读书,有一大部分也无非是求学,不过在他们壮年的时代,读书以外的求学确是少有罢了。

这两个字的关系并不很小。因为专心读书，第一得不到活的知识。凡书上所有，虽假也以为真，反之则虽真也以为假，这是读死书的先生们的普通毛病。第二，身体一定不能健康。所谓求学，是游戏与工作间隔着做的。在游戏的时候，虽然似把所学渐渐的忘去，其实则是渐渐的深刻，凡是学习以后继以游戏的，则其所学必能格外纯熟。因所学纯熟而得到精神上的慰安，因情神上的慰安又影响于身体上的健康。所以专心读书的人决不会有健康的身体的。第三，专心读书的人一定不能在团体中生活。

这第三层最重要，学生到学校里去，不是去读书的，是去求学的，换句话说，就是去学做人的。人是社会的动物，学做人便是学习社会的生活，就是团体的生活。团体生活的要素，如秩序，如提案，如监察，等等，都是非常切要的学问。团体生活要保持平安，第一须遵守秩序。章程法律虽然都是纸片，但潜伏着有莫大的势力，这势力本是团体中的各分子所给与的，却依然管束着团体中的各分子。所以各分子如果有扰乱团体安宁的事实，团体一定会有制止的实权，使秩序永远保持。但是各分子中如有真正不满意于团体进行的方向而想设法改良的，也不是没有方法，这方法就是提案。提案希望大多数的通过，所以有宣传，有各种运动，使大多数人对于现状感着不满，面对于新提案表示同情，于是而有不发一兵一卒而得着的人群的进步。这就是提案的功效。提案既经通过而尚有不奉行的，乃至被发见有违反议决案的行动的，于是有团体中的任何分子负着监察的责任。这种事例，讲起来非常简单，但孔孟之书里是不载的，前几年的教科书里也未必载，一直要到最近的三民教科书里也许会有。但有有什么相干呢？这全在于实地的练习。如果在学校生活时深知球场规则的，出来决不会在各种会场里捣乱，也不至于因一时的私利而起干戈的冲突。十几年来，中华民国的扰攘不出二途，即文人争国会，武人抢地盘是。从前在北京时，朋友间闲扯淡，有人研究这现象的原因在什么地方。我毫不迟疑的答复他，说这是因为国会议员与督军们都没有踢过球的缘故。这句话是顽皮的，意思却是庄重的。那时候的国会议员与督军们,都是旧教育制度下出身,的确一辈子只把读书当做求学,没有受过一毫好好的游戏教育,运动教育,和团体生活的教育。

于今十余年了。情形还是没有十分大变。这次中央全体会议如果开得成,那自然是一天大喜;万一开不成,如果有人来问我,我还是毫不客气的答复他,这是因为中央委员都没有踢过球的缘故。

叫人读书的人现在还是遍地皆是呵!

书是前人经验的账簿,查阅起来当然可以得到许多东西的,但是前人有的爱上账,有的爱把帐目记在肚角里,死的时候替他殉了葬。即使前人经验全在书里面,他的一点也只是浅陋的,我们要依着他走过的途径,在实验室里,在运动场里,在博物园里,在实际社会里,一步一步的向前进行。

研求呀,向着学问的大海!书籍只是海边上的一只破船,对于你的造船也许是有参考的用处的,但你却莫规行矩步的照着它仿造,因为这只是前人失败的陈迹,你再也没有模仿的必要了。

再过五十年,我相信,即使是白发老翁,也只有劝人好学,万不会再有人劝人读书了罢。

读 书

□ 叶圣陶

似乎有点诗兴的样子，嘴里哼着"云淡风轻近午天"或者是"日暖风和二月天"这里边有诗，这里边有"仄仄平平仄仄平"，这里边有云呀风呀什么天呀的诗境，虽然不是自己的名句，总觉得至少是个懂得诗能够吟味诗的雅人。一看到"啊，没出息的狗，如果我给了你一包粪，你大概就会欢天喜地的闻了他……"情形就不同了，这固然也算是个意思，然而里边这也没有，那也没有，还成什么诗！于是连忙跑去洗眼睛，最好水里边融着一大包的碱，但是人家的确算这是诗。这就没有法子了，只好学齐抚万茂才当时对韩国钧老先生的话道，"那里管得了这许多！"

同样的情形，翻开线装书来，一阵的诘屈聱牙，一阵的心性理义中庸达道，就觉得貌躬上颇有点"先哲之教"；这就了不得了。好像偶尔坐一回二等车，颇自觉带点儿绅士的气度一样，这所以胡梁诸大家以及某某某某国文门教授国语科教员等开出学生用的书目来，总有这么一个看得出来的迹象，就是这也舍不得不要，那也舍不得不要，结果，都来一个吧，近来《京报副刊》征求人家公举十种青年必读书，十种的数目可谓不甚多了，"必读"两个字又限制得何等紧，可是有选举权的先生们总不肯放松几种线装书，一定要投举一票（虽然也有几票是书上一个人，表示难举，或竟老实宣举不出的），这里头又大可以窥见此中消息。

我们过的是现代的生活，不懂得诗不能够吟味诗未必即等于不能够生活,不懂得"先哲之教",未必即等于不能够生活,你说要晓得一点为人的道理,处世的法门,如公民科,如童子军的训练,都可以满口应允,担任下来,"先哲之教"的必需何有哉?虽然我没有向《京报副刊》贸贸然投一票,我却觉得中间有几位先生举的《结婚的爱》这部书很不差,是青年必读的,假若我投票,必定写它上去,作十种中之一种,这因为不懂得《孟子》《荀子》并不要紧,到研究现代的哲学教育学心理学时,所得一定丰富且真确得多;而不读《结婚的爱》而结了婚,对于结婚生活没有体味的能力,那就吃了眼前的亏。

何况线装书里岂仅"先哲之教"而已?在一阵的诘屈聱牙中间,虽然臭的,仿佛有点儿香,虽然恶的,又仿佛有点儿善;古人总是不错的,写下来给我们后生小子看总有大道理,说它没意思,反显得自己的不学,于是这么伊唔一顿就混过了;又况这就颇有点传道的光荣。因此,你确要读这个,我也说要读这个,青年真交运,异味预备得这么多;所微惜者,只恐他们的胃太弱肠太细。

又况,吃河豚须得拼死,煮山菌要伴银家伙,异味往往毒的多。

顾颉刚先生发明了一个方法,他以为要显示线装书的含毒,当作翻译的工夫。他说:

旧道德的权威即伏在古书的神秘之中,越难读就越神秘,使得攻击她的人眼花缭乱,不得要领;若是翻译出来,大家知道原是这么一回事,她就要站不住了。——见《语丝》第十一期

这个是很好,你要说她是美人,须得她裸体时见的是美才相信才佩服,翻译就是替她脱下衣裳的办法,衣裳脱下了,伛背凸腹天花瘢肉疙疽都显露出来了,任你利口,还能说这是美人么;可是,这不免复兴那"古今文之争",我们做了翻译的工夫,他说这是"新今文",是非圣的,是叛道的,这就大有给他强嘴的机会了,所以这方法未必有全效。

鄙人也想了个法子,姑且写在这里,药房里或是化学室里,对含毒的药品往往特地标明,意思是恐有拿错误吃,闹出什么乱子来。窃

取其意，以为对于含毒的书应在封面上大字特书"内含毒质，读者当心"，读者大概是有眼睛的，又大概是识字的，这八个子又是"民平千字文"里边载着的，一定不至于有弄不清楚的意外。这就颇含点"救救孩子"的微旨；其功德定不在花了钱在报上大刊其《太上感应篇》《文昌帝君丹桂籍》之下。但是，这个方法也有点行不通，旧版本是向来不刊这八个字的；而大书馆小书坊等虽然颇有翻印旧书的倾向，若刊上这八个字，不是与发明"此地无银二十两"这名句的这位先生同等的傻么？多财善贾的侩先生哪里有这样想不通的？这是一层。毒药瓶只须摆在药房里同试验室里，只消由药剂师化学师们去弄，没有家家的小孩子各拿着一两瓶在手里玩的，我们认顾颉刚先生之类是药剂师化学师，他们自己弄惯了药的，难道还不会在药瓶上做个标记，却待我们来代他们做么？至于小孩子以及其他的人，只要不是药剂师化学师，本来就不必同毒药接近，又何须为他们特地在——毒药瓶上做标记？这是又一层。

而现在的情形又非所语于此。先生们非特不肯做做傻子，书馆里不肯印，就自己提起大笔——替他们题这八个大字；更因自己吸惯了鸦片，就生吞三钱还是个活烟鬼，便以为毒药是非吃不可的，于是一瓶瓶封着当施药送，这有什么法子呢！

我见前面一片黑。

从焚书到读书

□ 叶圣陶

人类具是奇怪的动物，有所谓"智慧"，以有智慧故，从最初劳动时或惊骇时所发的呼声，进化而为互通情意的语言，由语言而造出文字，用文字记载事物，产生"书"这一类东西。

书，又是奇怪的东西：说它可爱呢，书确然把人类过去从奋斗中得来的经验和理论告诉后来的人，给后来人指出努力的方向。说它可恶呢，自从书把经验和理论告诉了后来人，就使阶级化了的人类社会常常感到不安。

在可恶这一点上，两千一百多年前聪明的秦始皇已经感觉到了，他就采取激烈手段，索性把藏在民间的书统统付之一炬。这个手段究竟太激烈了，不久就有不读书的刘项二人起来把妄想传之万世的秦朝打倒。后来的皇帝更加聪明，他们知道既然有了"书"这件东西，要根本毁灭它是不可能的，与其"焚"，不如索性让人家"读"，不过"读"要有一定的范围，一定的办法，于是找出几种有利于当时社会的支配阶级的理论的书，定名为"圣经贤传"，其他诸子百家就是"异端邪说"，都在"罢黜"之列，此外还定下个"使天下英雄付入吾彀中"的科举制度。一般人读了圣经贤传，不难在科举制度下名利双收；要是读异端邪说的书，就是"非圣无法"，可以使你身首异处。那时奖励青年们读书有四句口号道："天子重英豪，文章教尔曹，万般皆下品，唯有读书高。"

现在科举制度早已废止了，但是科举的精神依旧存在，政府的煌煌明令，学者名流的谆谆告诫，都说"青年应该读书"。读什么书呢？他们没有说，大概是因为有所谓"标准"在，不用细说了。合乎标准的，读了有文凭可拿，有资格可得。不合乎标准的，就等于从前所谓诸子百家，是异端邪说，教师不敢介绍，书店也不敢刊行，青年们更少有读到的机会了。不过社会究竟在进步，口号和以前不同了："非圣无法"现在简称为"反动"，"……唯有读书高"现在变而为"读书救国"了。

从"焚书"到"读书"，方法和口号尽管在变换，精神却是一贯的，我们不知道叫学生埋头读书的学者名流有否想到这一层。

读书的态度

□ 叶圣陶

最近各地举行读书运动，从报纸杂志上可以看到许多讨论读书指导读书的文章。

"九一八"事件发生以后，全国青年非常激动，大家想拿出自己的一份力量来对付国家的厄运；可是有些学者却告诉他们一句话，叫做"读书救国"。"读书"两个字就此为青年所唾弃。青年看穿了学者的心肠，知道这无非变戏法的人转移观众注意力的把戏，怎能不厌听"读书呀读书"那种丑角似的口吻？要是说青年就此不爱读书，这却未必。

读书有三种态度：一种是绝对信从的态度，凡是书上说的话就是天经地义。一种是批判的态度，用现实生活来检验，凡是对现实生活有益处的，取它，否则就不取。又一种是随随便便的态度，从书上学到些什么，用来装点自己，以便同人家谈闲天的时候可以应付，不致受人家讥笑，认为一窍不通。

顽固的人对于经书以及笼统的所谓古书，是抱第一种态度的。他们或许是故意或许是无心，自己抱了这种态度，还要诱导青年也抱这种态度。青年如果听从了他们，就把自己葬送在书里了。玩世的人认为无论什么事都只是逢场作戏，读书当然不是例外，所以抱的是第三种态度。世间惟有闲散消沉到无可奈何的人才会玩世；青年要在人生的大道上迈步前进，距离闲散消沉十万八千里，自然不会抱这种态度。青年应当抱而且必须抱的是第二种态度。要知道处理现实生活是目的，读书只是达到这个目的的许多手段之一。不要盲从"开卷有益"的成语，也不要相信"为读书而读书"的迂谈。要使书为你自己用，不要让你自己去做书的奴隶。这点意见虽然浅薄，对于被围在闹嚷嚷的读书声中的青年却是有用的。

书·读书

□ 叶圣陶

书是什么？这好像是个愚问，其实应当问。

书是人类经验的仓库。这样回答好像太简单了，其实也够了。

如果人类没有经验，世界上不会有书。人类为了有经验，为了要把经验保存起来，才创造字，才制作书写工具，才发明印刷术，于是世界上有了叫做"书"的那种东西。

历史书，是人类历代生活下来的经验。地理书，是人类对于所居的地球的经验。物理化学书，是人类研究自然原理和物质变化的经验。生物博物书，是人类了解生命现象和动植诸物的经验。——说不尽许多，不再说下去了。

把某一类书集拢来，就是人类某一类经验的总仓库。把所有的书集拢来，就是人类所有经验的总仓库。

人类的经验不一定写成书，那是当然的。人类所有的经验假定他一百份，保存在那叫做"书"的总仓库里的必然不到一百份。写成了书又会遇到磨难，来一回天灾，起一场战祸，就有大批的书毁掉失掉，又得从那不到一百份中间减少几成。

虽然不到一百份，那叫做"书"的总仓库到底是万分可贵的。试想想世界上完全没有书的情形吧。那时候，一个人怀着满腔的经验，只能用口告诉旁人。告诉未必说得尽，除下来的唯有带到棺材里去，就此永远埋没。再就接受经验的一方面说，要有经验，只能自己去历练，否则到处找人请教。如果自己历练不出什么，请教又不得其人，那就一辈子不会有太多的经验,活了一世,始终像个泄了气的皮球,瘪瘪的。以上两种情形多么可惜又可怜啊!有了叫做"书"的仓库,谁的经验都可以收纳进去,谁要经验都可以自由检取,就没有什么可惜又可怜了。虽说不能够百分之百的保存人类所有的经验,到底是一件非常了不起的事情。人类文明发展到如今的地步,可以说,没有叫做"书"的仓库是办不到的。

仓库里藏着各色各样东西,一个人不能完全取来使用。各色各样东西太繁富了,一个人太渺小了,没法完全取来使用,而且实际上没有这个必要。只能把自己需用的一部分取出来,其余的任他藏在仓库里。

同样的情形,一个人不能尽读所有的书。只能把自己需用的一部分读了,其余的不去过问。

仓库里藏着的东西不一定完全是好的,也有霉的,烂的,不合用的。你如果随便取一部分,说不定恰正取了霉的,烂的,不合用的,那就于你毫无益处。所以跑进仓库就得注意拣选,非取那最合用的东西不可。

同样的情形,一个人不能随便读书。古人说"开卷有益",好像不问什么书,你能读他总有好处,这个话应当修正。不错,书中包容的是人类的经验,但是,那经验如果是错误的,过时的,你也接受它吗?接受了错误的经验,你就上它的当。接受了过时的经验,你就不能应付当前的生活。所以书非拣选不可。拣选那正确的,当前合用的书来读,那才"开卷有益"。

所谓经验,不仅是知识方面的事情,大部分关联到实际生活,要在生活中实做的。譬如说,一本卫生书是许多人对于卫生的经验,你读了这本书,明白了,只能说你有了卫生的知识。必须你饮食起居都照着做,身体经常保持健康,那时候你才真的有了卫生的经验。

看了上面说的例子,可以知道读书顶要紧的事情,是把书中的经验化为自身的经验。随时能够"化",那才做到"开卷有益"的极致。

怎样看书[1]

□ 邹韬奋

"自修有许多的困难,这是实在的。但这些困难并不是不能克服的。第一,我们要有决心。学校的功课,即使它不是我们所高兴研究的,但我们怕考试不能及格,致不能升级或毕业……不得不勉强读它,至于自修,是没有这种外界的推动力的;是完全出于自动的努力,然而自动的努力所求得的知识,才是我们自己的知识,才能长久地保存着。为要通过考试而读的书,考试一过去,就忘得干干净净了!因受教师之督促而读的书,一离开了学校,就完全抛弃了!只有为自己和出于自己的努力的,才能永续地研究下去……"

这一段话是在《怎样研究新兴社会科学》(柯百年编)一书里面看见的,这似乎是平淡无奇的话,但凡是在社会上服务后感觉到知识上的饥荒的人,对于这几句话想来没有不引起特殊感触的。我们感觉到知识上的饥荒吗?只有下决心,自动的努力于自修,永续的研究下去。一天如至少能勉强抽出时间看一小时的书,普通每小时能看二十页,一年便可看完三四百页一本的书二十几本,四五年便是百余本了,倘能勉强抽出两小时,那就要加倍了。记者最近正在编译《革命文豪高尔基》一书,全书约十五万字,已写完了三分之二。其中最令我感动的是高尔基艰苦备尝中的无孔不钻的看书热,我执笔时常独自一人对着他的故事失笑。

不过看书也要辨别什么书,有的书不但不能使人的思想进步,反

---

[1] 原载1933年1月7日《生活》周刊第8卷第1期。

而使人思想落伍！有位老友从美国一个著名大学留学回来，他是专研政治学的，有一次来看我很诧异地说道："我近来看到一两本书，里面的理想和见解完全是另一套，和我在学校里所读的完全两样，真是新奇已极！"原来这位仁兄从前所读的都不外乎是为资产阶级捧场或拥护不平等的社会制度的学说，受了充分的麻醉，他的这种"诧异"和"新奇已极"，未尝不是他的幸运，他也许从此可从狗洞里逃出来！

此外关于看书这件事，还有两点可以谈谈。第一点是以我国出版界之幼稚贫乏，能看西文原书的当然愉快，如看译本，糟的实在太多，往往书目很好听，买来看了半天，佶屈聱牙，生吞活剥，莫名其妙！钱是冤花了，时间精神更受了无法追回的莫大的损失，我们要诚恳地希望译书的先生们稍稍为读书的人设身处地想想，就是不能使人看了感到愉快，感到读书之乐，至少也要让人看得懂。第二点是在这个言论思想自由的空调尽管唱得响彻云霄的年头儿，看书也有犯罪的可能，常语谓"书中自有颜如玉"，如今"书中"大可引出"铁窗风味"来！什么时候没有这种蛮不讲理的举动，便是什么时候望见了社会的曙光。

略谈读书的方法

□ 邹韬奋

一

自从苏联一个又一个的五年经济计划实行奏效之后,经济学家都喜谈"计划经济",其实不但经济应有计划,就是读书也应该首先有一个计划。有些人读书没有一定的目的,今天随便拿一本看看,过几天又随便拿一本看看,这样读书,虽不能说他在知识上不是没有一些进步(这当然是指内容正确的书),但是"无政府状态"的读书,收效究竟是很少的。所以我们读书应该首先有一个计划。

读书要有一个计划,必先决定自己所要研究的科目或中心问题。在学校里读书,学校里有着一定的课程,这课程便是学校替学生规定好的读书计划,你决定要读哪一科,便须依照那一科的课程读去。这种读书计划比较的呆板,不能随着个人的选择而随便更动的。但在外国大学院的研究,便比较有伸缩性,要由选定了科目或中心问题的学生,和他们研究的科目或中心问题有关的教授,共同商定读书的计划。在这个计划里,依所商定的时间(一年或二年),根据所欲研究的中心问题,把必须读的书和必须参考的书列举出来,在列举之中把各书的先后和研究的门径与方法都有系统地规定好。整个计划规定之后,学生便依据这个计划,在这位教授经常指导之下,研究下去。这种教授大概都是与某科或某中心问题有关系的专家乃至权威,他对于这一科或这一中心问题,当然彻底知道研究的方法和阅读的门径,对于学者是很有帮助的。学者在这样有计划的指导下,如真能切实研究下去,到了相当的时期，他对于这一科或这一中心问题的学问，可以得到完备的基础，如有志再深造，可作进一步的计划，根据第一个计划作进一步的研究。

我在英伦求学的时候，看到有好些中国的朋友不愿意读学位，认为学位头衔是没有什么意思的，但是遇着他们自己没有一定的读书计划时，我还是劝他们选读一个学位，因为要是选读一个学位，必须经过上面所说的手续，即必须选定一个中心问题，和一个有关系的教授共同商定一个读书计划，多少可以得到有系统的益处，比之没有计划的胡乱阅读有益得多。

以上所谈的虽然是偏于叙述外国大学院里的研究情形，但记者的意思当然不是说读书的人非到外国大学院里去不可，只是要介绍这种有计划的读书的原则，以备有志读书者的参考。

我特别声明，这种有计划读书的原则，在校外自修的人也可以采用的。

此外再举一个例子谈谈。在伦敦的英国博物馆的图书室里，对于每一专学的部门都有很明白的重要著作书目，可供读者随意查阅，非常便利。西文书籍还有一个优点，就是在一书后面，常有很有系统的参考书的介绍，尤其详细的是在书末对于书内每一章的课题都有书目的介绍，这书目的介绍不仅是随便撮举几本为著者所看到的，却是就每一章的课题范围，举出关于研究这个课题所必须看的重要参考书，而且把这些参考书依着程度深浅而排列着。这样的参考书介绍，于读者有极大的帮助，由于名著者或权威所指示的这种参考书介绍，差不多就可以等于该部门专学的读书计划。读者依着这个介绍，在图书馆里简直好像是在掘金矿似的，越"掘"越有趣味。这种办法虽不是在学校里有名师共同商定之读书计划，因为是由于自己努力"掘"出来的，可是有名作家对于某种专学的参考书作有系统的介绍，在原则上也就等于有人领导，至少是读者自己有方法找到名作者的领导。我深深地感到图书馆里的良好的书目分类及著者在书末的有系统的参考书介绍，是帮助我们造成读书计划的最好的工具。在中国，图书馆的设备实在太少而又太贫乏,关于专学的著作,对于参考书作有系统的介绍也不多见,这是使读书的人受到很大的妨碍或不便。我们在这两方面都应该特别努力。

这当然也不是说在现状下我们就绝对不可能有读书计划。我们还是可以尽可能地替自己定下一个读书计划。首先我们要决定哪一部门的学问,或哪一个中心问题,然后根据这个对象,就现在可能得到的书,由浅而深,分成几个研究的阶段,按着规定的时间,有计划地读下去,即不能有三年五年的计划,至少应有一年半载的计划。在这一年半载中,随时随地注意关于这一部门或中心问题的材料。除必要的有关的书籍外,如有充分的时间,其他方面的书报也尽可以看,但却以能够包围着这个中心问题为前提,而不是心目中毫无对象的乱看。这样有计划的读书,才有较大的收获。

二

对于任何部门的学问,如有意深造,最好能学得阅读一种外国文的能力。只能阅读本国文的人,关于外国的名著,当然也有译本可看,但是在我国译述的缓慢,以及正确译本的不易多得,阅读外国文的能力仍然是很重要的。就是在欧美各国,有志研究较深学问的人、对于一种或两种外国文的阅读能力也是很注重的。例如英国的专科学生,大学教授,大都能够阅读法文或德文的书籍,苏联是大众对于学习最热烈的国家,你在他们的青年学生里面,在他们的学者里面,乃至男女工人里面,随时随地可以发现他们有的能读德文,有的能读法文,有的能读英文。这是因为学术是没有国界的,学习狂愈高,外国文的阅读能力愈有迫切的需要。

能读一种外国文的人,读原文的社会科学的书,比读译文舒服得多迅速得多,也就是可以使读书的效率增加得多。正确的译本不易得,尤其是较深的书,常常易被译者译得"走样",所以我甚至于感觉到仅能看译本的人看得很多之后,把许多"走样"的知识装满了一脑袋,在思想上也许不免要含有多少危机！所以我要奉劝真有志读书的青年朋友，最好能够学习阅读一种外国文的能力。这并不是一件很难的事情，学习读外国文，只须读得得法，一二年至二三年的努力是可以达到目的的。在我所认识的朋友中，就有不少是自修（开始当然需要人教，但不一定要入学校）外国文而能够阅读外国文书报的。为着自己在学识上的深造起见，这种能力实在值得我们来培养。

我的读书经验

□ 冯友兰

我今年八十七岁了,从七岁上学起就读书,一直读了八十年,其间基本上没有间断,不能说对于读书没有一点经验。我所读的书,大概都是文、史、哲方面的,特别是哲。我的经验总结起来有四点:(1)精其选,(2)解其言,(3)知其意,(4)明其理。

先说第一点。古今中外,积累起来的书真是多极了,真是浩如烟海。但是,书虽多,有永久价值的还是少数。可以把书分为三类,第一类是要精读的,第二类是可以泛读的,第三类是只供翻阅的。所谓精读,是说要认真地读,扎扎实实地一个字一个字地读。所谓泛读,是说可以粗枝大叶地读。只要知道它大概说的是什么就行了。所谓翻阅,是说不要一个字一个字地读,不要一句话一句话地读,也不要一页一页地读。就像看报纸一样,随手一翻,看看大字标题,觉得有兴趣的地方就大略看看。没有兴趣的地方就随手翻过。听说在中国初有报纸的时候,有些人捧着报纸,就像念五经四书一样,一字一字地高声朗诵。照这个办法,一天的报纸,念一年也念不完。大多数的书,其实就像报纸上的新闻一样,有些可能轰动一时,但是昙花一现,不久就过去了。所以,书虽多,真正值得精读的并不多。下面所说的就指值得精读的书而言。

怎样知道哪些书是值得精读的呢?对于这个问题不必发愁。自古以来,已经有一位最公正的评选家,有许多推荐者向它推荐好书。这个选家就是时间,这些推荐者就是群众。历来的群众,把他们认为有价值的书，推荐给时间。时间照着他们的推荐，对于那些没有永久价值的书都刷下去了，把那些有永久价值的书流传下来。从古以来流传下来的书，都是经过历来群众的推荐，经过时间的选择，流传了下来。我们看见古代流传下来的书，大部分都是有价值的，我们心里觉得奇怪，怎么古人写的东西都是有价值的。其实这没有什么奇怪，他们所作的东西，也有许多没有价值的，不过这些没有价值的东西，没有为历代群众所推荐，在时间的考验上，落了选，被刷下去了。现在我们所称谓"经典著作"或"古典著作"的书都是经过时间考验，流传下来的。这一类的书都是应该精读的书。当然随着时间的推移和历史的发展，这些书之中还要有些被刷下去。不过直到现在为止，它们都是榜上有名，我们只能看现在的榜。

我们心里先有了这个数，就可随着自己的专业选定一些须要精读的书。这就是要一本一本地读，所以在一个时间内只能读一本书，一本书读完了才能读第二本。在读的时候，先要解其言。这就是说，首先要懂得它的文字；它的文字就是它的语言。语言有中外之分，也有古今之别。就中国的汉语说，笼统地说，有现代汉语，有古代汉语，古代汉语统称为古文。详细地说，古文之中又有时代的不同，有先秦的古文，有两汉的古文，有魏晋的古文，有唐宋的古文。中国汉族的古书，都是用这些不同的古文写的。这些古文，都是用一般汉字写的，但是仅只认识汉字还不行。我们看不懂古人用古文写的书，古人也不会看懂我们现在的《人民日报》。这叫语言文字关。攻不破这道关，就看不见这道关里边是什么情况，不知道关里边是些什么东西，只好在关外指手划脚，那是不行的。我所说的解其言，就是要攻破这一道语言文字关。当然要攻这道关的时候，要先作许多准备，用许多工具，如字典和词典等工具书之类。这是当然的事，这里就不多谈了。

中国有句老话说是"书不尽言，言不尽意"，意思是说，一部书上所写的总要比写那部书的人的话少，他所说的话总比他的意思少。一部书上所写的总要简单一些，不能像他所要说的话那样啰嗦。这个缺点倒有办法可以克服。只要他不怕啰嗦就可以了。好在笔墨纸张都很便宜，文章写得啰嗦一点无非是多费一点笔墨纸张，那也不是了不起的事。可是言不尽意那种困难，就没有法子克服了。因为语言总离不了概念，概念对于具体事物来说，总不会完全合适，不过是一个大概轮廓而已。比如一个人说，他牙痛。牙是一个概念，痛是一个概念，牙痛又是一个概念。其实他不仅止于牙痛而已。那个痛，有一种特别的痛法，有一定的大小范围，有一定的深度。这都是很复杂的情况，不是仅仅牙痛两个字所能说清楚的，无论怎样啰嗦他也说不出来的，言不尽意的困难就在于此。所以在读书的时候，即使书中的字都认得了，话全懂了，还未必能知道作书的人的意思。从前人说，读书要注意字里行间，又说读诗要得其"弦外音，味外味"。这都是说要在文字以外体会它的精神实质。这就是知其意。司马迁说过："好学深思之士，心知其意。"意是离不开语言文字的，但有些是语言文字所不能完全表达出来的。如果仅只局限于语言文字，死抓住语言文字不放，那就成为死读书了。死读书的人就是书呆子。语言文字是帮助了解书的意思的拐棍。既然知道了那个意思以后，最好扔了拐棍。这就是古人所说的"得意忘言"。在人与人的关系中，过河拆桥是不道德的事。但是，在读书中，就是要过河拆桥。

上面所说的"书不尽言"，"言不尽意"之下，还可再加一句"意不尽理"。理是客观的道理；意是著书的人的主观的认识和判断，也就是客观的道理在他的主观上的反映。理和意既然有主观客观之分，意和理就不能完全相合。人总是人，不是全知全能。他的主观上的反映、体会和判断和客观的道理，总要有一定的差距，有或大或小的错误。所以读书仅得其意还不行，还要明其理，才不至于为前人的意所误。如果明其理了，我就有我自己的意。我的意当然也是主观的，也可能不完全合乎客观的理。但我可以把我的意和前人的意互相比较，互相补充，互相纠正。这就可能有一个比较正确的意。这个意是我的，我就可以用它处理事务，解决问题。好像我用我自己的腿走路，只要我心里一想走,脚就自然而然地走了。读书到这个程度就算是能活学活用,把书读活了。会读书的人能把死书读活;不会读书的人能把活书读死。把死书读活,就能把书为我所用,把活书读死,就能把我为书所用。能够用书而不为书所用,读书就算读到家了。

从前有人说过:"六经注我,我注六经。"自己明白了那些客观的道理,自己有了意,把前人的意作为参考,这就是"六经注我"。不明白那些客观的道理,甚而至于没有得古人所有的意,而只在语言文字上推敲,那就是"我注六经"。只有达到"六经注我"的程度,才能真正地"我注六经"。

1982年6月于北京

买书者言

□ 郁达夫

前两三年，英国 Holbrook Jackson 印行了一部 Anatomy of Bibliomania 的大著。这部《爱书狂的解剖》的内容丰富，引证赅博，真可以和 Robert Burton 的 Anatomy of Melancholy 比比。爱书狂者的心理，古今中外，似乎都是一例的。中国有宋版蝴蝶装、明印绵纸等等的研究，外国人的收藏家，也有不惜花去几万金元，买一册初版（First Edition）诗集或文集的人。例如勃朗蒂氏姊妹三人的诗集之由 Aylott and Jone 发行者，薄薄的一册 Poems by Curer, Ellis and Acton Bell 可以卖到八九百镑或千镑以上的金洋。原因是因为有一天夏洛蒂忽而发现了爱弥丽的诗稿，姊妹三人就商议着自费来印行一部诗集，恰好伦敦的 Aylott & Jones 出版业者答应以三十镑的价钱来替她们印刷发行，但一年之后，这部诗集，只卖去了两本。姊妹三人，于送了几本给友人之外，就决定把其余的诗集去售给箱子铺里糊里子去了。但后来却以较好的条件，转让给了 Smith, Elder & Co. 去出版，所以由 Aylott & Jones 印行的诗集，就可以卖得到那么的高价。

这一种珍本市价的抬高，中国自胡适之做了几篇小说考证之后，风气也流行开来了。现在弄得连一本木版黄纸的《三字经》、《百家姓》、《龙文鞭影》之类的启蒙书，都要卖到几块大洋一本。所谓国学，成了有钱的人的专门学问，没有钱的人，也落得习些爱皮西提，去求捷径，于是大腹贾的狡猾旧书商，就得其所哉，个个都发起财来了。

前数个月，施蛰存先生曾写过一篇上海滩上买西文旧籍的记事，但根据着我自己的经验来看，则上海滩上的西书旧籍，价钱亦复不贱。每逢看到了一册心爱的旧书，议价不成的时候，真有索性请希特勒或秦始皇来专一专政的想头。但走到了街上，平心静气地一思索，中国的同胞，饥不得食、寒不得衣的人，还有好几千万在那里待毙，则又觉我辈的买书，也是和资本家们的狂欢醉舞是同样的恶德了。

1933 年

人与书

□ 郁达夫

　　书本原是人类思想的结晶，也就是启发人类思想的母胎。它产生了人生存在的意义，它供给了智识饥渴的乳料。世界上的大思想家和大发明家，都从书堆中进去，再从书堆中出来。

　　因书本与人类关联之亲密，所以古来学者多把书本当作人类的朋友看待。史曼儿说得好："一个人常常靠了他所读的书而出名，正像他靠着所交的朋友而出名一样；因为书本和人们一样，也有交谊。一个人应该生活在很好的友伴中间，无论是书或是人。"

　　同时亦有一位，他却把人生当作书本来看，那就是诗人高法莱了，他说："一个人好像一本书，人诞生，即为书的封面；其洗礼即为题赠；其啼笑即为序言；其童年即为卷首之论见；其生活即为内容；其罪恶即为印误；其忏悔即为书背之勘误表；有大本的书，有小册的书，有用牛皮纸印的，有用薄纸的，其内容有值得一读的，有不值卒读者。可是最后的一页上，总有一个'全书完'的字样。"恕我续上一个"貂尾"，就是在人的诞生之前的受精成孕，就是书版付印前之文人绞汁的草稿了。

　　书即是人，人亦即是书。

1935 年

爱读的书

□ 茅 盾

　　小说之类，从前谓之"闲书"，读"闲书"，不外因为"有闲"而求消遣。这是一种旧观念。现在虽然也还有不少人为了消遣而读小说之类的文学作品，但"闲书"这名称到底也不大时行了。文学作品现已被公认为精神食粮之一种，写作者的态度是严肃的，写作出来的东西不是供人消遣的。

　　不过又有了"趣味"说。据这一说，人们读文学作品，大抵各就所好；同一作品，甲乙丙丁的观感各有不同，因为各人之趣味不同。但各人的趣味何以有不同呢？这本来可以从各人身世、教养、思想意识来加以解释的，本文范围因另有所在，兹姑不喋喋。

　　如果一个人的趣味跟他的身世、教养等等没有关系，那么他将无常嗜；如果人人无常嗜，则文学杰作之永久性与普遍性将成为不可思议。但事实上，古典作品到今天还为广大读者所爱好。或者有人要说：古典作品因其恢宏博大，包有多方面的趣味，所以能够适应古往今来无数读者各有所偏的嗜好。但这一说，恐亦未必然，古典作品之至今传诵不歇者，亦尽多方面单纯的，而且凡读古典作品者谁又是跳行抽读而只取其一部分呢？

　　我们的好恶当然与希特勒之流法西斯不同，奴隶主的好恶当然与奴隶不同；好恶不同，当然对于文学作品的趣味就不同了。最大多数人之所好者：自由、平等、博爱。凡因争取此三者而表现之勇敢、坚决与牺牲的精神，凡因说明此三者之可贵而加以暴露的压迫、欺骗、奸诈和卑劣的行为，当然也是最大多数人"兴趣"之所在。文学杰作之永久性和普遍性，应当从这里去说明，所谓超然物外的纯趣味，实际上是没有的。

自来的文学作品，粗粗可分为历史的，当代现实的，和幻想的（灵怪变异）三类。历史的与当代现实的两类，都以人事为描写对象，但历史的作品其人其事及其环境——生活方式习惯等等，和当代的现实是有不少距离的；至于幻想的一类，或写鬼神精怪，或以禽兽拟人，总之其对象非人。然而这三类中的杰作，一样可以使人百读不厌。这未必是因为生于今日的人看厌了现代生活而想换换口味罢？真正的原因，恐怕还是在于历史和幻想的作品之杰出者是包含了人们所企求的真理，赞美了人们之所好，而指斥了人们之所恶的。

所以我们的"兴趣"，有时会从现代转到古代，乃至子虚乌有的幻想的世界。我个人爱读的文学作品，就有不少是历史的和幻想的。

在中国古典作品中，很少好的历史小说。虽然"演义"是中国小说的一大宗派，但除了《三国演义》和《水浒传》而外，耐人再三咀嚼的作品好像也不多，而我尤爱《水浒》。这两部大作，虽同属"讲史"之流，不过也有不同之处。《三国演义》被称为"无一事无来历"，此所谓"来历"，主要是前人的记载。《水浒》也有"来历"，却不是前人的记载，而是当时的民间传说。这一点差别，就使得《水浒》中间几个主要人物的性格更为读者所爱好了，描写的技巧，《水浒》也比《三国》更好。例如林冲和杨志，鲁达和武松，都是直写到他们的故事的末了这才性格的发展告一结束。但因他们的故事的发展常常被别人的故事所间隔，所以匆忙的读者每每失却了注意，如果把林冲或杨志的故事首尾自相连接，另写为单独的故事，我以为对于人物性格描写的学习必大有裨益。

大仲马的《三个火枪手》，也是我所爱读的。我读过这书的英文译本，也读过伍光健先生的中译本。伍先生的译本是节本，可是我觉得经他这一节，反更见精彩。大仲马描写人物的手法，最集中地表现在达特安这人物的身上。（要研究达特安的性格发展，还须读《达特安三部曲》的第二部即《三个火枪手》的续编《二十年以后》，中文伍译《续侠隐记》。）达特安个性很强，然而又最善于学习他人之所长。达特安从他的朋友们（三个火枪手）身上学取了各人的优点，但朋友们这些优点到达特安那里就更成达特安固有的东西了。我们并看不出他有任何地方像他的朋友，达特安还是达特安，不过已经不是昨日的达特安。而这样的性格发展的过程，完全依伏于故事的发展中，完全不借抽象的心理描写或叙述。

托尔斯泰的《战争与和平》和《安娜，卡列尼娜》不用说也是我最爱读的。关于这两部巨著，值得使我们佩服的，就不单是人物性格的描写了。一些大场面——如宴会、打猎、跳舞会、打仗、赛马，都是五色缤纷，在错综中见整齐，而又写得多么自然，毫不见吃力。这不但《水浒》望尘莫及，即大仲马的椽笔比之亦有逊色，然而托翁作品结构之精密，尤可钦佩。以《战争与和平》而言，开卷第一章借一个茶会点出全书主要人物和中心的故事，其后徐徐分头展开，人物愈来愈多，背景则从圣彼得堡到莫斯科，到乡下，到前线，回旋开合，纵横自如，那样的大篇幅，那样多的人物，那样纷纭的事故，始终无冗杂，无脱节。司各特的历史小说写场面，写人物，都不能说不为卓杰，结构也极其谨严，然而终不及托翁的伟大和变化不居。所以我觉得读托翁的大作至少要做三种功夫：一是研究他如何布局（结构），二是研究他如何写人物，三是研究他如何写热闹的大场面。

在幻想的小说中，《西游记》我最喜欢。小时看的第一部"闲书"也就是《西游记》，现在我要是手头别无他书而只有一部《西游记》时，看上了还是放不落手的。神怪小说中国本来很多，但《西游记》之优长，我以为尚不在它的想象的瑰奇（当然这是其他神怪小说之不可及处），而在它所写的神仙精怪都是那么富于人情味，而又特多诙谐。是幻想，然而扎根于现实。没有现实基础的幻想，那就只足供人一时的消遣了，看过以后不想再看第二遍。基于同样的原因，我也喜欢《聊斋志异》

中的若干篇。《聊斋》中的鬼狐实在是现实生活中常常遇到的人而无异于禽兽或不如禽兽者。欧洲中世纪的作品《列那狐》的故事（中文有伍光健与郑振铎两先生的译本），也是同类的杰作。大凡托根于现实的幻想的作品，因其诡谲而恣肆，常比直写现实生活者更为动人。幻想作品之不足观者，大抵作者先自存了"画鬼容易画人难"的观念，而欲以偏锋取胜，却不知道为画鬼而画鬼结果是人所不乐观的。尽管想象力丰富，亦不过徒劳而已。

至于反映当代现实的作品，我所爱读的范围就很大了：清末的"谴责小说"，当代自鲁迅先生以至各作家的作品，不及列举。我有一个见解：凡同国同时代的作品，对于一个写作者或多或少总有助益，我们从鲁迅的作品固然得的益处很多，但从一位青年作家的作品里，也常有所得。例如一个口语的巧妙的活用，一二新鲜的感觉，新颖的句法，都能够给我们以启迪。即使是描写失败之处，也因其能使我们借鉴而预防，故亦有益。但是同时人的作品如果意图歪曲现实，或只在供人消遣的，那就不是我所愿意聆教的了。

同样，我也抱了这见解去读当代外国人的作品：高尔基和其他苏联的有名作家，巴比塞、萧伯纳、德莱塞，——也曾醉心于罗曼·罗兰。高尔基的作品使我增长了对现实的观察力（这跟鲁迅的作品给我的最大益处是相同的），而其特有的处置题材的手法，也使我在所知的古典作品的手法而外，获见了一个新的境界。可惜不懂原文，英译和中译的高尔基作品，狂妄地批评一句，可使我满意者不多，大概高氏的那种强悍而明快的风格（据一些外国评论家所说）难以表现在非俄罗斯的文字中罢？正如鲁迅作品的风格，在英文译本中总比原文逊色些。

1943 年 10 月

谈读书

□ 朱光潜

十几年前我曾经写过一篇短文谈读书，这问题实在是谈不尽，而且这些年来我的见解也有些变迁，现在再就这问题谈一回，趁便把上次谈学问有未尽的话略加补充。

学问不只是读书，而读书究竟是学问的一个重要途径，因为学问不仅是个人的事而是全人类的事，每科学问到了现在的阶段，是全人类分工努力日积月累所得到的成就？而这成就还没有湮没，就全靠有书籍记载流传下来。书籍是过去人类的精神遗产的宝库，也可以说是人类文化学术前进轨迹上的里程碑。我们就现阶段的文化学术求前进，必定根据过去人类已得的成就做出发点。如果抹煞过去人类已得的成就，我们说不定要把出发点移回到几百年甚至几千年前，纵然能前进，也还是开倒车落伍。读书是要清算过去人类成就的总帐，把几千年的人类思想经验在短促的几十年内重温一遍，把过去无数亿万人辛苦获来的知识教训，集中到读者一个人身上去受用。有了这种准备，一个人才能在学问途程上作万里长征，去发见新的世界。

历史愈前进，人类的精神遗产愈丰富，书籍愈浩繁，而读书也就愈不易。书籍固然可贵，却也是一种累，可以变成研究学问的障碍。它至少有两大流弊。第一，书多易使读者不专精。我国古代学者因书籍难得，皓首穷年才能治一经，书虽读得少，读一部却就是一部，口诵心惟，嘴嚼得烂熟，透人身心，变成一种精神的原动力，一生受用不尽。现在书籍易得，一个青年学者就可夸口曾过目万卷。"过目"

的虽多,"留心"的却少,譬如饮食,不消化的东西积得愈多,愈易酿成肠胃病,许多浮浅虚骄的习气都由耳食肤受所养成。其次,书多易使读者迷方向。任何一种学问的书籍现在都可装满一个图书馆,其中真正绝对不可不读的基本著作往往不过数十部甚至于数部。许多初学者贪多而不务得,在无足轻重的书籍上浪费时间与精力,就不免把基本要籍耽搁了;比如学哲学的尽管看过无数种的哲学史和哲学概论,却没有看过一种柏拉图的《对话集》。学经济学的尽管读过无数种的教科书,却没有看过亚当·斯密的《原富》。做学问如作战,须攻坚挫锐,占住要塞。目标太多了,掩埋了坚锐所在,只东打一拳,西踢一脚,就成了"消耗战"。

读书并不在多,最重要的是选得精,读得彻底,与其读十部无关轻重的书,不如以读十部书的时间和精力去读一部真正值得读的书;与其十部书都只能泛览一遍,不如取一部书精读十遍。"旧书不厌百回读,熟读深思子自知",这两句诗值得每个读书人悬为座右铭。读书原为自己受用,多读不能算是荣誉,少读也不能算是羞耻。少读如果彻底,必能养成深思熟虑的习惯,涵泳优游,以至于变化气质;多读而不求甚解,譬如驰骋十里洋场,虽珍奇满目,徒惹得心花意乱,空手而归。世间许多人读书只为装点门面,如暴发户炫耀家私,以多为贵。这在治学方面是自欺欺人,在做人方面是趣味低劣。

读的书当分种类,一种是为获得现世界公民所必需的常识,一种是为做专门学问。为获常识起见,目前一般中学和大学初年级的课程,如果认真学习,也就很够用。所谓认真学习,熟读讲义课本并不济事,每科必须精选要籍三五种来仔细玩索一番:常识课程总共不过十数种,每种选读要籍三五种,总计应读的书也不过五十部左右。这不能算是过奢的要求。一般读书人所读过的书大半不止此数,他们不能得实益是因为他们没有选择,而静读时又只潦草滑过。

常识不但是现世界公民所必需,就是专门学者也不能缺少它。近代科学分野严密,治一科学问者多固步自封,以专门为借口,对其他相关学问毫不过问。这对于分工研究或许是必要，而对于淹通深造却是牺牲。宇宙本为有机体，其中事理彼此息息相关，牵其一即动其余，所以研究事理的种种学问在表面上虽可分别，在实际上却不能割开。世间绝没有一科孤立绝缘的学问。比如政治学须牵涉到历史、经济、法律、哲学、心理学以至于外交、军事等等，如果一个人对于这些相关学问未曾问津，入手就要专门习政治学，愈前进必愈感困难，如老鼠钻牛角，愈钻愈窄，寻不着出路。其他学问也大抵如此，不能通就不能专，不能博就不能约。先博学而后守约，这是治任何学问所必守的程序。我们只看学术史，凡是在某一科学问有大成就的人，都必定于许多它科学问有深广的基础。目前我国一般青年学子动辄喜言专门，以至于许多专门学者对于极基本的学科毫无常识。这种风气也许是在国外大学做博士论文的先生们所酿成的。它影响到我们的大学课程，许多学系所设的科目"专"到不近情理，在外国大学研究院里也不一定有。这好像逼吃奶的小孩去嚼肉骨，岂不是误人子弟？

有些人读书，全凭自己的兴趣。今天遇到一部有趣的书就把预拟做的事丢开，用全副精力去读它；明天遇到另一部有趣的书，仍是如此办，虽然这两书在性质上毫不相关。一年之中可以时而习天文，时而研究蜜蜂，时而读莎士比亚。在旁人认为重要而自己不感兴味的书都一概置之不理。这种读法有如打游击，亦如蜜蜂采蜜。它的好处在使读书成为乐事，对于一时兴到的著作可以深入，久而久之，可以养成一种不平凡的思路与胸襟。它的坏处在使读书泛滥而无所归宿，缺乏专门研究所必需的"经院式"的系统训练，产生畸形的发展，对于某一方面知识过于重视，对于另一方面知识可以很蒙昧。我的朋友中有专读冷僻书籍，对于正经正史从未过问的，他在文学上虽有造就，但不能算是专门学者。如果一个人有时间与精力允许他过享乐主义的生活，不把读书当做工作而只当做消遣，这种蜜蜂采蜜式的读书法原亦未尝不可采用。但是一个人如果抱有成就一种学问的志愿，他就不能不有预定计划与系统。对于他，读书不仅是追求兴趣，尤其是一种训练，一种准备。有些有趣的书他须得牺牲，也有些初看很枯燥的书他必须咬定牙关去硬啃，一久了他自然还可以啃出滋味来。

读书须有一个中心去维持兴趣，或是科目，或是问题。以科目为中心时，就要精选那一科的要籍，一部一部地从头到尾读，以求对于该科得到一个概括的了解，作进一步高深研究的准备。读文学作品以作家为中心，读史学作品以时代为中心，也属于这一类。以问题为中心时，心中先须有一个待研究的问题，然后采关于这问题的书籍去读，用意在搜集材料和诸家对于这问题的意见，以供自己权衡去取，推求结论。重要的书仍须全看，其余的这里看一章，那里看一节，得到所要搜集的材料就可以丢手。这是一般做研究工作者所常用的方法，对于初学不相宜。不过初学者以科目为中心时，仍可约略采取以问题为中心的微意。一书作几遍看，每一遍只着重某一方面。苏东坡与王朗书曾谈到这个方法：

少年为学者，每一书皆作数次读之。当如入海百货皆有，人之精力不能并收尽取，但得其所欲求者耳。故愿学者每一次作一意求之，如欲求古今兴亡治乱圣贤作用，且只作此意求之，勿生余念；又别作一次求事迹文物之类，亦如之。他皆做此。若学成，八面受敌，与慕涉猎者不可同日而语。

朱子尝劝他的门人采用这个方法。它是精读的一个要诀，可以养成仔细分析的习惯。举看小说为例，第一次但求故事结构，第二次但注意人物描写，第三次但求人物与故事的穿插，以至于对话、辞藻、社会背景、人生态度等等都可如此逐次研求。

读书要有中心，有中心才易有系统组织。比如看史书，假定注意的中心是教育与政治的关系，则全书中所有关于这问题的史实都被这中心联系起来，自成一个系统。以后读其他书籍如经子专集之类，自然也常遇着关于政教关系的事实与理论，它们也自然归到从前看史书时所形成的那个系统了。一个人心里可以同时有许多系统中心，如一部字典有许多"部首"，每得一条新知识，就会依物以类聚的原则，汇归到它的性质相近的系统里去，就如拈新字贴进字典里去，是人旁的字都归到人部，是水部的字都归到水部。大凡零星片段的知识，不但易忘，而且无用。每次所得的新知识必须与旧有的知识联络贯串，这就是说，必须围绕一个中心归聚到一个系统里去，才会生根，才会开花结果。

记忆力有它的限度，要把读过的书所形成的知识系统，原本枝叶都放在脑里储藏起，在事实上往往不可能。如果不能储藏，过目即忘，则读亦等于不读。我们必须于脑以外另辟储藏室，把脑所储藏不尽的都移到那里去。这种储藏室在从前是笔记，在现在是卡片。记笔记和做卡片有如植物学家采集标本，须分门别类订成目录，采得一件就归入某一门某一类，时间过久了，采集的东西虽极多，却各有班位，条理井然。这是一个极合乎科学的办法，它不但可以节省脑力，储有用的材料，供将来的需要，还可以增强思想的条理化与系统化。预备做研究工作的人对于记笔记和做卡片的训练，宜于早下功夫。

1942 年

论青年读书风气

□ 朱自清

《大公报》图书副刊的编者在"卷头语"里慨叹近二十几年来中国书籍出版之少。这是不错的。但他只就量说，没说到质上去。一般人所感到的怕倒是近些年来书籍出版之滥；有鉴别力的自然知所去取，苦的是寻常的大学生中学生，他们往往是并蓄兼收的。文史方面的书似乎更滥些；一个人只要能读一点古文，能读一点外国文（英文或日文），能写一点白话文，几乎就有资格写这一类书，而且很快的写成。这样写成的书当然不能太长，太详尽，所以左一本右一本总是这些"概论""大纲""小史"，看起来倒也热热闹闹的。

供给由于需要；这个需要大约起于五四运动之后。那时青年开始发现自我，急求扩而充之，野心不小。他们求知识像狂病；无论介绍西洋文学哲学的历史及理论，或者整理国故，都是新文化，都不迟疑地一口吞下去。他们起初拼命读杂志，后来觉得杂志太零碎，要求系统的东西；"概论"等等便渐渐地应运而生。杨荫深先生《编辑〈中国文学大纲〉的意义》（见《先秦文学大纲》）里说得最明白：

在这样浩繁的文学书籍之中，试问我们是不是全部都去研究它，如果我们是个欢喜研究中国文学的话。那自然是不可能的，从时间上，与经济上，我们都不可能的。然而在另一方面说来，我们终究非把它全部研究一下不可，因为非如此，不足以满我们的欲望。于是其中便有聪明人出来了，他们用了简要的方法，把全部的中国文学做了一个简要的叙述，这通常便是所谓"文学史"。（杨先生说这种文学史往往是"点鬼簿"，他自己的书要"把中国文学稍详细的叙述，而成有一个系统与一个次序"。）

  青年系统的趣味与有限的经济时间使他们只愿意只能够读这类"架子书"。说是架子书，因为这种书至多只是搭着的一副空架子，而且十有九是歪曲的架子。青年有了这副架子，除知识欲满足以外，还可以靠在这架子上作文，演说，教书。这便成了求学谋生的一条捷径。有人说从前读书人只知道一本一本念古书，常苦于没有系统；现在的青年系统却又太多，所有的精力都花在系统上，系统以外便没有别的。但这些架子是不能支持长久的；没有东西填进去，晃晃荡荡的，总有一天会倒下来。

  从前人著述，非常谨慎。有许多大学者终生不敢著书，只写点札记就算了。印书不易，版权也不能卖钱，自然是一部分的原因；但他们学问的良心关系最大。他们穷年累月孜孜兀兀地干下去，知道的越多，胆子便越小，决不愿拾人牙慧，决不愿蹈空立说。他们也许有矫枉过正的地方，但这种认真的精神值得我们学习。现在我们印书方便了，版权也能卖钱了，出书不能像旧时代那样谨严，怕倒是势所必至；但像近些年来这样滥，总不是正当的发展。早先坊间也有"大全""指南"一类书，印行全为赚钱；但通常不将这些书看作正经玩意儿，所以流弊还少，现在的"概论""大纲""小史"等等，却被青年当作学问的宝库，以为有了这些就可以上下古今，毫无窒碍。这个流弊就大了，他们将永不知道学问为何物。曾听见某先生说，一个学生学了"哲学概论"，一定学不好哲学。他指的还是大学里一年的课程；至于坊间的薄薄的哲学概论书，自然更不在话下。平心而论，就一般人看，学一个概论的课程，未尝无益；就是读一本像样的概论书，也有些好处。但现在坊间却未必有这种像样的东西。

  说"概论""大纲""小史"，取其便于标举；有些虽用这类名字却不是这类书,也有些确不用这类名字而却是这类书——如某某研究,某某小丛书之类。这种书大概篇幅少,取其价廉,容易看毕;可是系统全,各方面都说到一点儿,看完了仿佛什么都知道。编这种书只消抄录与排比两种工夫,所以略有文字训练的人都能动手。抄录与排比也有几等几样,这里所要的是最简便最快当的办法。譬如编全唐诗研究罢,不必去看全唐诗,更不必看全唐文,唐代其他著述,以及唐以前的诗,只要找几本中国文学史,加上几种有评注的选本,抄抄编编,改头换面,好歹成一个系统(其实只是条理)就行了。若要表现时代精神,还可以随便拣几句流行的评论插进去。这种转了好几道手的玩意,好像搀了好几道水的酒,淡而无味,自不用说;最坏的是让读者既得不着实在的东西,又失去了接近原著的机会,还养成求近功抄小路的脾气。再加上编者照例的匆忙,事实,年代,书名,篇名,句读,字,免不了这儿颠倒那儿错,那是更误人了。其实"概论""大纲""小史"也可以做得好。一是自己有心得,有主张,在大著作之前或之后,写出来的小书;二是融会贯通,博观约取的著作;虽无创见,却能要言不繁,节省一般读者的精力。这两种可都得让学有专长的人做去,而且并非仓卒可成。

1934 年 1 月 29 日

谈买书

□ 郑振铎

买"书"不是一件简单、容易的事，也不是派某某总务科的工作人员，出去到书店里跑一趟就能解决问题的。买"书"是要花费一些工夫的，是要有些经验的。就个人说来，在书店里东张西望，东挑西选，其本身就有无穷乐趣。到布店里买花布，还得东挑西拣，何况乎买"书"。"书"是多种多样的，花色最为复杂。有中文书，有外文书。中文书里又分新书、旧书、古书，平装书、线装书。文艺书、科学书，经书、子书，和史部书、集部书等等。外文书的门类更为繁多了，除了文字的不同，像俄文、法文、英文、日文等等之外，又除了大批的文艺作品之外，单是自然科学一类，就有无数的专门项目，非搞这一行的专家来挑选，是连"书名"都不会弄得明白的。买外文杂志，更为麻烦，也必须经过专家的指定，方才可去订阅。否则花了大价钱，买了回来，"张冠李戴"，全无用处，未免要一场懊丧。国家的外汇不应该花得这样冤枉！

且说，自从提倡向科学进军以来，各个学术研究机关，各个大专科学校，都在大量的添购新书，特别是新成立或将要成立的研究机构和学校，买"书"更为积极。他们常派了专人到北京和上海来买"书"。来一趟，总是满载而归。不要说新书了，就是古、旧书也有"供不应求"之慨。一家古书店印出了一册书目，不到几天，书目里的古书，不论好版、坏版，明版、清版，全部一扫而空。有若干种书，仅只有一部的，却同时有好几个单位来要。"到底给谁好呢？"他们常常这样的迟疑着。比起去年"门可罗雀"的情况来，真有天渊之别。现在看看他们几家老铺子的书架上,陈年老古董已经出脱得差不多了。架上渐渐地空虚起来。他们有些着急。"来源"问题怎么解决呢?而买的人还是源源而来,而且气魄来得大。

"你们这里一共有多少书?"一个外来的顾客向刚开张三天的上海古籍书店里的人问道。

"有十五万册上下。"

"这十五万册书,我全要!请在几天之内就开好书单,我好付款。"这家店里的许多伙计,乃至经理等,全给他吓唬住了。只开张了三天,而"书"全卖空了,以后将怎么维持下去呢?而这一大笔买卖又难于推却。怎么办呢?大费踌躇。下文不知如何?好像是不曾成交,而被他们用婉辞给挡回去了。否则,那家"古籍书店"不会到今天还开张着。这位黑旋风式的顾客,可谓勇敢无比,大胆之至的了。在那十五万册古书里,有多少复本书,有多少没用的书,有多少种的书,非对某种科目特别有研究的某些专家是根本上用不着的,甚至也不会看得懂的,他却不管三七二十一,一古脑儿"包买"了下来。前几年,有过这么一回事。每到年底,某某机关或某某大学,购书的经费有剩余,就派人到新华书店,不管有用没用,每部买个一本到三本。"我全要!"如闻其慷慨之声。更干脆的是,"替我配个三万元的书!"于是,每年在新华书店积压不销的书,至此乃出清一大部分。听说,上述的那位顾客是替一个正在筹备中的大学买"书"的。而那个大学在开头几年之内,还只办"理科",没有"文科"。那末,买这十五万册古书何用?是为了"未雨绸缪",生怕以后买不到?

又是一个笑话。一个买主到了上海来薰阁,看见一堵墙面的几个书架上还满满地堆满了古书,就问道:"这些架上都是些什么书?"

"是集部书。"

"是集部书,我全要!"口气好大!也不知后来究竟成交了没有。

中国科学院图书馆馆长陶孟和先生告诉我:有某一个设在外省的研究所,派人拿了好几册国际书店印的外文杂志目录,要求图书馆替他们全部预订一份。如闻其声:"我全要!"但全部是三千多种呢!门类复杂得很,也有些只是"年报"或"会务报告"性质的东西,买了来,根本没用。陶先生翻了翻,就把他给顶回去了。

"要好好地挑选一下,不能全买!"

这个态度是对的。要有一个"关口",审查一下那些乱花钱、乱买"书"的莽汉们的所作所为方是。否则,笑话还要层出不穷。闹笑话倒不打紧,损失国家有用的资金,积压应该供给别的专家们的研究的资料,那才不是"小事"呢。

我建议:如果要买"书",书目非由"专家"开出不可。各研究单位或大学图书馆的人员,只是综合了各位"专家"所开的单子去"买"书而已。就是公共图书馆也应该时时请教当地的专家们,了解他们的需要,再动手"买"。

没有拿"书单子"而来买大批"书"的人,不论新古书店或国际书店,均可以有权给他门顶回去。

"要买什么,请拿书单子来!"

开得出"书单子"来的,那便是一位专家,或至少是一位接近于"专家"的颇有道理的、有些专门修养的人了。

谈访书

□ 郑振铎

"天涯何处无芳草",这句话对访书者说来,是最恰当不过的了。哪里没有好书、奇书,有用、有益的书呢?只要有心去访求,一定可以找出不少好东西来的。我在广州图书馆里,就看到宋版的《杨诚斋集》,那是清末从日本流回广东的。向来《杨诚斋集》只见抄本,未见宋刻本,虽然这部书破烂得很,却是一个最晶莹的珍宝。广州图书馆从论担称斤的书堆里把它救出来了。如今是,物得其所,广东省把它送给北京图书馆,成为其中最好的宋版书之一。最近,北京隆福寺的文渊阁,从福建找到了不少抄本的好书,其中有一部章潢的《图书编》,是明抄的,有彩图。还没有仔细地和明刻本对读过,不知其异同如何。但可肯定的是,这抄本比刻本早,彩色插图,尤为重要。虽残阙十多册,北京图书馆亦收之。我也得到了三册《闽产录异》,二册《海错百一录》(均郭柏苍著,光绪间刻本),虽是近刊,却极不多见,以其是第一手的材料书,故收之。研究海产和南方的动植物者必当一读,有许多记载是第一次见之于这两部书里的。

搜集革命文献的人更常常在破烂纸堆里找到极有价值的图书资料。也是最近,北京同文书店得到了全套的《妇女日报》。他门极为高兴。这家书店的主人刘君,对于这一门文献,特别有研究。他曾从四川,从两湖、两广,从没有人注意的地方,耐心地细致地为国家得到了很多好东西。像那些的深入探索,不怕费时费力地去访求,我们的工作同志们似乎是不大有其人的,把书送上门去。有时还嫌其多事,摆出"老爷架子",呼叱指责,动不动便戴之以"暴利"的帽子,怎能不把他们的访书的积极性,弄得像把一盆冷水泼在热炭上似的烟消火灭了呢!所谓"访书",是应该细心地耐心地急起直追地去访求的。作为一个为图书馆采访的干部,一个负责国家搜集文献的部门的人,绝对地不能坐在家里等人送书上门。那样的老爷架子千万摆不得。那是十足的官僚主义的表现!至于送上了门还要嫌其多事,那末,那样的人物是没有资格从事于这一部门工作的。

我自己十分地困惑:为什么我去年冬天到了苏州,就会发现苏州那里有三个地方在论担称斤地把古书卖给了收废纸的人,其中一处就在城内。为什么我今年春天到了杭州,也就会发现同样的事件发生?这岂是"适逢其会"!在我未到之前,或在我离去之后,可以想象得到,这一类的事件是在不停地不断地发生着。苏州的文物干部问我:"难道《绅缙录》一类书也有用?"我说:"有用之至!这些书是原始史料的一种。"他说:"某处已经都称斤作废纸去了,足足有几大堆。"我问:"追得回来么?"他摇摇头。常熟翁家夹巷里的古书,已被卖给收废纸的了,急急地去追录,只追回来一小部分。杭州吴煦家里的太平天国的和其他有关帝国主义者们侵略的资料和档案,已被卖作废纸了,亏得杭州某书店收了大部分下来。而未被某书店收下的七八百斤的资料,却已被造成纸浆,无法追回了。这是应该"传令嘉奖"的事,却反而大受批评一顿。有好些地方的同志们,平时高枕无为,自己绝不动手,耳无所闻,目无所见,等到有人"发现"了什么,便摆出"权威"面孔来,抬出"保存地方文献"的金字招牌,禁止出口。在中华人民共和国的国境之内流通,怎么会叫做"出口"?有某一个省,知道了北京的书店的人去买了不少书,就说:"不许动,我们自己要买的。"他们到底买不买呢?其实只是"禁止出口"而已,他们自己未必买。但当地古书店的收书的积极性,就受到很大的打击了。

我建议:凡到各地收古旧书刊的人,都应该受到当地文化部门的协助和鼓励。凡收得好书、好资料的,就应该加以表扬。当地如果的确有需要，可以转向他们购买下自己所需要的那一部分，完全不必要摆出那一副"禁止"、"不许动"的官僚架子。凡是能够发现好书、好资料的人，就是对国家的科学研究事业有功劳，就应该加以协助和鼓励。我们没有力量、没有时间去发掘出好书、好资料来，而那些古旧书店的收书的专家们，却能发挥其特长，为科学研究事业作出有效、有益的贡献，怎能不加以表扬呢？自从提倡科学研究和古旧书店公私合营以来，书店的营业顿时兴旺起来，好书、奇书，有用、有益的书，从前轻易看不到的，如今竟不时的出现了。像《石仓文选》（明曹学佺辑）就是新出现的一部好书。最全的一部《石仓诗选》，已被我们不肖的子孙卖到海外去了。我着意搜集此书，将近三十年，已有三大箱，所缺尚多。北京图书馆藏的那部《石仓诗选》，也不全。而这部《石仓文选》却很少有人知其名（李之鼎《丛书举要》著录）。虽只二十卷，而其中好资料不少。这只是举一个例子而已。近来好书的确是像山间的清泉似地涌流不息。明刻本的《西游记》和《封神传》也已出现了。北京的古旧书店的收书专家们都已深入江南、湖、广的乡间去了。我们相信，他们将会有更多更好的收获的。

　　访书之道，亦不限于收书专家们的四出访购。还有更重要的一条大路，我们正要走而未走。二千年前，汉成帝就曾使谒者陈农，求遗书于天下。我们今天为什么不能派遣若干的"访书"工作团呢？在土改里，在接收各个机构的藏书时，有不少是被保存在各地文化馆里，乡、区、镇的人民委员会里，县的财政科里，其中，有的是胡里胡涂地被当作废纸卖出去了；有的是被废物利用，反折过来，当作习字簿或账簿去了。最好的运命是被封存起来，以待处理。那些被封存的图书，究竟数量多少，很难估量。但为数极多，是可想象得到的。我亲自见到的被封存在莆田文化馆里的书，就有四万多册。最近，据江西省的文化干部报告，他的省里有万册以上图书的文化馆就不在少数。假如，全国有二千个文化馆或其他保存书籍的地方，每一处以一万册计，则已有二千万册的图书可以得到了。这二千万册图书的获得，对于科学研究工作的进行将有多么大的作用啊！而这些被保存的图书，如果不及时地加以集中，加以整理，加以使用，则必将于短时期内有散失或霉烂之虞。举一个例：苏州同里镇的人民委员会的财政科（？）里就保存了很多的古书、古画，全堆在地上，有的已经开始霉烂了。立刻就得开始工作！我建议：由中央组织十个或十个以上的"访书工作团"，每团只要一二个干部，组织古旧书店里的三四个收书专家们，一同到各省、市去，再加入各省、市的文化部门的工作同志们或专家们，就可以成为若干的分团了。他们分头工作，不出几个月，至少收集和整理的工作一定可以告成的。我们，包括我自己在内，老是"议而不决，决而不行"。这不是十足的官僚主义是什么！应该起而立行，克服一切困难而立即开始！何况这个工作并不会有什么不能克服的困难呢。

谈整书

□ 郑振铎

最苦恼的是找书。我常常说，如果有书而找不到，还不如到图书馆去借更方便些。但说起图书馆里的"书"来，实在是千头万绪，不知从何谈起好。图书馆里的"书"，找起来又何尝是容易的事！有些朋友把图书捐给北京图书馆之后，自己要用，再去借，却再也"找"不到了。有一位管普通书的人对赵万里先生说：你们尽量把书挑选到善本部去吧，算是救出了它们。在我们这里是"冤沉海底，不知何年何月才得重见天日"。的确，一箱箱，一捆捆，一包包的书，东藏一批，西放一批，有时还要像老鼠搬家似的被赶到东，或被迁到西。足足有一百八十万册的图书，没法整理、编目，与读者们见面，供研究者们使用。其中，不完全是中文古书，也不完全是复本的"朱批谕旨"之类，尽有很重要的，现在正在需要的图书，甚至包括若干新的俄文书籍在内。有一位外国专家到北京图书馆参观，问道：

"你们馆里藏了多少册书？"

"有四百万册上下。"馆长答道。

"有多少册已经上架了呢？有多少册已经整理、编目，可供读者们阅读的呢？"

馆长答道："有二百二十多万册已经上架，已经整理、编目，可供读者们的借阅，其余一百八十万册还没法整理。"

"那末，"那位专家说道，"你馆的藏书数量，只能说是二百二十万册，不能说，是四百万册。"

这是很尖锐的批评，也是很正确的意见。不能流通使用的书，的确难于统计到图书馆的藏书数里去的。更惨的是，有的书，因为长久搁在箱里，十多年不见天日，有一次偶然开出几箱出来看看，箱里的书却已经碎成纸屑，没法收拾的了。这是多么大的损失呢！

也曾作过几次的努力："要整理！"就是现在，也正在努力整理！前几年，为了整理十万册不到的俄文书，还曾动员了不少人。但那些努力只是断断续续地，有时松时紧之感。总之是，劲头不大，没有彻底解决的办法。主要的原因是没有地方供给他们整理，即使陆续整理出来了，也没法上架。

是不是永远没法解决这个困难？不是的！应该可以解决，而且本来已经可以解决的了，而突然的阻碍横生，忽有变卦，致使可以解决的困难，又成了不可解决的。原来在北京市政规划里，文津街一带是划作北京图书馆区的，这是我亲自和北京市几位市长们谈定的。首先说定的是，北海里的肺病疗养院迁出后，即归北京图书馆使用。这个疗养院面积不小，有两百多间房子，虽不能全部解决北京图书馆的问题，但对于目前的困难，得此两百多间房子是可以解决的。不知什么时候，据说是，经过一次市长办公会议的决定，这个疗养院的房子便划归北海公园自用了。我不知道北海公园要这两百多间房子何用。市长办公会议的决定未必便是"法律"，尽可以再议再变的。北京图书馆如能发挥更大的作用，能够更好地、更多地为科学家们服务，也便是北京市的一个光荣，其间并无矛盾之处。我希望他们能够维持原定计划才好。我国第二个五年计划，其关键性所在是科学研究的进展。而科学研究工作的进行，其基础之一是图书馆。北京图书馆乃是中国唯一的最大的国立图书馆，必须克服一切困难，使库藏的四百多万册书都能为科学家们和其他专家们使用才好。

以上多谈了些北京图书馆的事，那是因为我对它比较熟悉，且特别有感情之故。"天下老鸦一般黑"。我们看看天下的图书馆，能够充分地发挥其应有的作用的，能够尽了为科学服务的责任的到底有几个？死气沉沉，暗无天日（指没有阳光而言）的不在少数。西安市是一个那末重要的地方，但其图书馆是何等样子呢！他们和我谈过，新书少极了，外文书更少，购书的费用少得可怜。如何能够尽其为新的大西安市的科学研究服务呢？即旧有的尘封的古书，也有许多还没有整理出来。我曾经把他们的意见反映过，不知这一年来有没有改进。

就在北京，把书堆在那里没有整理的有多少？有图书馆的单位，自己去检查一下吧。每一万册里已经编目上架，可供使用的有多少册？从科学院图书馆、北京大学图书馆开始，把束之高阁的未编目上架的书籍，全部陈列出来，群策群力地做一番彻底的整理工作吧。有书而不加整理，不给人使用，不使其发挥应有的作用，不让它们为科学研究服务，那就是把持资料、垄断学术的霸道行为。也许，这句话说得分量太重了些，主要的原因，还是为了种种的客观条件所限制，特别是，房子问题，不能全怪主持的人们没有诚意，没有计划。

有一个外省的大学的图书馆，曾经向北京大学图书馆提意见道："两年之内，你们的图书馆如果还没有整理好，那末，我们就要来分了。"

"不激不发"。我相信，有一百万册或数十万册书还没有整理的图书馆，应该尽量发挥主动的力量，做好整理编目的工作，使之在两年之内，把那末许多不见天日的有用的图书，从箱子里，从堆在黑房的一包包一捆捆里解放出来，给想使用、十分需要使用它们的读者们阅读。

有一个督促加速整理的办法，凡新书没有整理好的，暂时停止买新书，古旧书没有整理好的，暂时停止买古旧书，外文书刊没有整理好的，暂时停止买外文书刊。等到把旧的整理好了，才能买新的。否则越积越多，何年何月才能清理完毕呢？再者旧的没有整理好，特别像古旧书之类，也没有法子再去购买，因为不知究竟已经有没有了这些书。这虽是"因噎废食"，但未尝不是一个好办法。新书、外文书待用迫切，也许不适用这个办法，但像古旧书，就完全可以用之了。

关于整理编目的方法，应该是"卑之无甚高论"，不要高谈什么式的"分类法",只要能找到书就行。一本排架目录,比没有目录总强得多。书按整理的先后上架,目录就照此写下去。这个工作就是没有学过任何分类法的人也都可以做。然后,再写"著者索引"和"书名索引",那便更方便读者们的检书了。"行有余力",然后才再从事于"分类索引"的编制。现在的整理工作,进行得十分缓慢之故,其原因之一,就是要先行分类编目,然后再分类上架。这是最笨的方法。应该学习别的国家的大图书馆的排书上架的办法。小型的图书馆当然应该分类编目,但大型的图书馆则不妨先行按大类上架,甚至全不分类即行上架,然后再编"著者"、"书目"、"分类"三个索引。

　　古书的分类编目,大可不必"中外统一",那是王云五的坏方法。《史记》、《汉书》固然应该归到"历史类"去,但像占古书里分量很大的《梦溪笔谈》、《西溪丛话》、《紫桃轩杂缀》、《分甘余话》等等,应该归到哪一类去?我的想法,古书的分类,还是不要多生枝节,老老实实地照"四库"编目,先行编出,供给需要使用这些书的人应用为是。不必老在"分类法"上兜圈子,想主意,而总编不出"书目"来。

谈分书

□ 郑振铎

书是要读、要用的。从前的藏书楼,像宁波范氏天一阁,只是藏书而已。不要说外边的人,即范氏的子孙们也只许每一年在晒书时候和书见面一次。清初,钱谦益藏有奇书,常常"讳莫如深",不肯给人知道,更不肯借给人看。但现在却大为不同了。私人的大藏书家,已经一天天地少了。即有若干小藏书家,即有些珍罕的好书,也藏不住,总得借给需要它的人使用。许许多多的大大小小的图书馆,更是彼此互通有无,谁也没有"保密"的必要和可能的了。书是天下之公物,谁也不能拥而私之。古语所谓"坐拥百城,虽南面王不易也"的"私诸个人"的时代,早已过去了。专家们的书房里,多多少少地总会有些书,那是自己使用的东西,像家具、茶杯似的,用惯了的,总不能老去借用别人的。也可能,在其间有些光彩焕发的好书,甚至仅仅对于他,那个专搞这一行业的专家,十分有用的书。除了他和他的徒弟们,是不必引人人为"同行、同道"的,那末,似乎也不必要大事宣传。

在把"不见天日"的许多大图书馆里的未编目上架的书整理出来之后,一定会有许多复本。据我听知,北京图书馆就有不少部雍正的朱批谕旨,不过没有多大用处而已。故宫博物院图书馆里也有不少部铅印的清代各帝御制文集,听说,也都分配到各个图书馆去了。

把复本书,把自己所不需要的或不合用的书,分配给了别的图书馆,那是"功德无量"的事,那是使"书"发挥了更大的更广泛的作用的事,那是毫无私心的光明磊落的事。我在《谈访书》一文里所说的广州图书馆把宋版《杨诚斋集》送给了北京图书馆的事,就是典型的一个好例子。

也有出了偏差的,像北京院校调整的时候,原来也预备分书的,因为争夺得太厉害,甚至有一个音乐机构,要把北京大学图书馆里所有的音乐书籍,包括许多要从整套丛书里拆散出来的本子在内,全都提了走。结果是不欢而散,一部书也没有分成。

像那样枝枝节节地"分"书,当然会发生问题。应该有一个通盘的计划,先把各地集中的初步整理好的书籍,根据中央及各地的需要,分别先后缓急,一批批地调拨出去。绝对地不应该有地方观念或"肥小公而忘记大公"的思想。各个大图书馆的复本书或待分配的书,也应该先行编个草目,以待统一分配,不宜自作主张,先行分配出去。那是会造成混乱现象的。全国有多少个图书馆需要朱批谕旨或御制文集的呢?

有不少大图书馆还存在着本位主义。自己不用,也不许别人用。像一个工业学校图书馆,收藏着十分丰富而重要的关于西洋文学的图书,就是不肯调拨出去,给十分需要这些书籍的研究机构或学校使用。不明白其"道理"何在!这也是属于把持或积压研究资料的一类行为,对于我国科学研究工作的进行是有害的。

在各省、市集中了的图书,当然首先要供应各省、市的本身的需要。从前说,"宰相要用读书人"。我们现在深切地感觉到,专署的专员或县里的县长应该要用些有文化的读书人才好。每个县长,至少要了解他那个县的一切事情才是,换一句话说,他首先必须翻翻那一个县的"县志"——即那一个县的"百科全书"——才能明白那个县的古往今来的事,那个县的地下、地上的资源,各种土特产,以至地理知识和古迹名胜之区。否则,就会做错了事,连他自己也还不知道。像绍兴市的某些负责同志,连陆放翁和绍兴的关系也还不知道,宁波市的负责文化部门的干部,连天一阁在哪里也还茫无所知(这是1950年〔?〕我到宁波去的事,现在当然是已经很熟悉的了)。所以我建议,各个地方的各种版本的"县志"、"府志",或其他有关的地方文献资料,应该留在各该地方的专署、县人民委员会里或图书馆、文化馆里,作为"学习"资料的一种,而且是一部干部必须学习的读物。不过,像明刻本的或康熙刻本的"方志",已成了"珍本"、"古本"而不切实用的东西,则仍应该集中起来,分配给其他重要的图书馆保存起来,作为参考资料。

我初步估计一下,在各省、市的集中、整理工作的进行中,一定会有大量的、有用的图书,包括不在少数的"古本"、"珍本"的图书在内,被我们发现的。这样彻底地做一番合情、合理,并且切合实际需要的调拨、分配工作,对于中国的科学研究事业的发展是会有很大的作用的。

这就是说,应"分"者,我们必须使之"分",使之分配得"得当"。然后,书才能发挥其应有的作用,能够使需要读它的人看得到,而不至埋没于灰尘寸重的黑漆漆的屋角里。

同时,也还应该说明一下,不应该"分"的书,是绝对地不能使之"分"的。有的古代的藏书楼或图书馆,原是十分完整的,自有其历史的意义与作用的,保存在一起,那末,就会发挥其应有的很大的作用。一旦分散开了,就会碎割零切,不成片段,起不了什么作用,除了毁灭了一个古老的好的图书馆之外别无其他的好处。且举几个实际的例子。像宁波天一阁、上海徐家汇图书馆、上海中华书局图书馆、上海亚洲文会图书馆等等,都有相当悠久的历史(天一阁的历史是四百五十年,徐家汇图书馆的历史是四百年)。其藏书的性质也是各树一帜的。把它们完整地保存了下来,是有其必要的,也有其需要的。像徐家汇图书馆,其皮藏各省方志的书库,是一省一省地做好了书架的,检阅起来十分方便。何必加以更变,徒增纷乱呢?我们不应该做这种"吃力不讨好"的,甚至有害的事。又像中华书局图书馆,搜罗清末以来的各级各种的教科书最多,是研究近百年的教育史的和从事教育工作的同志们所最需要的一个大的丰富的宝库。如果"分"散了,有何意义呢？又像亚训文会图书馆里的藏书，以整套的有关东方学的书刊为主。如果中国科学院一旦成立"东方学研究所"（？）之类的机构，将它作为一个图书馆的基础，乃是一个十分合乎理想的，也是十分切合需要的事。如果把它"分"散了之后，再要建立起像那样规模的一个图书馆来，便非十年、八年不为功了。学术研究的"甘苦"，在图书馆需要方面最能表现出来。国家对于科学研究事业是以大力发展之的，对于像这种有关整个科学研究事业发展前途的图书分配、调拨工作，是应该细致地、慎重地、合理地，而且还应该十分迅速地进行的。

读 书

□ 丰子恺

《中学生杂志》社出了两个关于"书"的题目来，命我写一篇随笔。倘要随我的笔写出，我新近到杭州去医眼疾，独游西湖，看了西湖上的字略有所感，让我先写些关于字的话罢。

以前到杭州，必伴着一群人，跟着众人的趋向而游西湖。走马看花地巡行，于各处皆不曾久留。这回独自来游，毫无牵累，又是为求医而来，闲玩似属天经地义，不妨于各处从容淹留。我每在一个寻常惯到的地方泡一碗茶，闲坐、闲行、闲看、闲想，便可勾留半日之久。

听了医生的话，身边不带一册书。但不幸而识字，望见眼前有文字的地方，会不期地睁着病眼去辨识。甚至于苦苦地寻认字迹，探索意味。我这回才注意到：西湖上发表着的文字非常之多，皇帝的御笔，名人士夫的联额，或勒石，或刻木，冠冕堂皇地、金碧辉煌地，装点在到处的寺院台榭中。这些都是所谓名笔，将与湖山同朽，千古留名的。但寺院台榭内的墙壁上、栋柱上，甚至门窗上，还拥挤着无数游客的题字，也是想留名于湖山的。其文字大意不过是"某年某月某日某人到此"而已，但表现之法各人不同：有的用炭条写，有的用铅笔写，有的带了（或许是借了）毛笔去写，又有的深恐风雨侵蚀他的芳名，特用油漆涂写。或者不是油漆，是画家的油画颜料。画家随身带着永不退色的法国罗佛郎制的油画颜料，要在这里留名千古，是很容易的，写的形式，又各人不同：有的字特别大，有的笔划特别粗，皆足以牵惹人目。有的在别人直书的上面故用横行、斜行的文字，更为显著而立异。又有的引用英文、世界语，使在满壁的汉字中别开生面。我每到一处地方，无论碑上的、额上的、壁上的、柱上的，凡是文字，都喜观玩。但有的地方实在汗牛充栋，尽半日淹留之长，到底不能一一读遍所有名家的大作。我想，倘要尽读全西湖上发表着的所有的文字，恐非有积年累月的闲工夫不可。

我这回仅在惯到的几处闲玩二三日，但所看到的文字已经不少。推想别处，也不过是同样性质的东西增加分量罢了。每当目瞑意倦的时候，便回想关于所见的所感。勒石的御笔和金碧的名人手迹中，佳作固然有，但劣品亦处处皆是：它们全靠占着优胜的地位，施着华美的装潢，故能掩丑于无知者之前。若赤裸裸地品起美术的价值来，不及格的恐怕很多。壁上的炭条文字中，涂鸦固然多，但真率自然之笔亦复不少。有的似出于天真烂漫的儿童之手，有的似出于略识之无的工人之手。然而一种真率简劲的美，为金碧辉煌的作品中所不能见。可惜埋没在到处的暗壁角里，不易受世人的赏识，长使笔者为西湖上无名的作家耳。假如湖山的管领者肯选拔这些文字来，勒在石上，刻在木上，其美术的价值当比御笔的石碑高贵得多呢。

我的感想已经写完，但终于没有写到本题。倘读书与看字有共通的情形，就让读者"闻一以知二"罢。不然，我这篇随笔文不对题，让编辑先生丢在字纸篓里罢。

1933年9月

读 书

□ 老 舍

若是学者才准念书,我就什么也不要说了。大概书不是专为学者预备的,那么,我可要多嘴了。

从我一生下来直到如今,没人盼望我成个学者;我永远喜欢服从多数人的意见。可是我爱念书。

书的种类很多,能和我有交情的可很少。我有决定念什么的全权;自幼儿我就会逃学,楞挨板子也不肯说我爱《三字经》和《百家姓》。对《三字经》便可以代表一类——这类书,据我看,顶好在判了无期徒刑后去念,反正活着也没多大味儿。这类书可真不少,不知道为什么;也许是犯无期徒刑罪的太多;要不然便是太少——我自己就常想杀些写这类书的人。我可是还没杀过一个,一来是因为——我才明白过来——写这样书的人敢情有好些已经死了,比如写《尚书》的那位李二哥。二来是因为现在还有些人专爱念这类书,我不便得罪人太多了。顶好,我看是不管别人;我不爱念的就不动好了。好在,我爸爸没希望我成个学者。

第二类书也与咱无缘:书上满是公式,没有一个"然而"和"所以"。据说,这类书里藏着打开宇宙秘密的小金钥匙。我倒久想明白点真理,如地是圆的之类;可是这种书别扭,它老瞪着我。书不老老实实的当本书,瞪人干吗呀?我不能受这个气!有一回,一位朋友给我一本《相对论原理》,他说:明白这个就什么都明白了。我下了决心去念这本宝贝书。读了两个"配纸"(页),我遇上了一个公式。我跟它"相对"

了两点多钟！往后边一看，公式还多了去啦！我知道和它们"相对"下去，它们也许不在乎，我还活着不呢？

可是我对这类书，老有点敬意。这类书和第一类有些不同，我看得出。第一类书不是没法懂，而是懂了以后使我更糊涂。以我现在的理解力——比上我七岁的时候，我现在满可以作圣人了——我能明白"人之初，性本善"。明白完了，紧跟着就糊涂了；昨儿个晚上，我还挨了小女儿——玫瑰唇的小天使——一个嘴巴。我知道这个小天使性本不善，她才两岁。第二类书根本就看不懂，可是人家的纸上没印着一句废话：懂不懂的，人家不闹玄虚，它瞪我，或者我是该瞪。我的心这么一软，便把它好好放在书架上；好打好散，别太伤了和气。

这要说到第三类书了，其实这不该算一类；就这么算吧，顺嘴。这类书是这样的：名气挺大，念过的人总不肯说它坏，没念过的人老怪害羞地说将要念。譬如说《元曲》，太炎"先生"的文章，罗马的悲剧，辛克莱的小说，《大公报》——不知是哪儿出版的一本书——都算在这类里，这些书我也都拿起来过，随手便又放下了。这里还就属那本《大公报》有点劲。我不害羞，永远不说将要念。好些书的广告与威风是很大的，我只能承认那些广告作得不错，谁管它威风不威风呢。

"类"还多着呢，不便再说；有上面的三项也就足以证明我怎样的不高明了。该说读的方法。

怎样读书，在这里，是个自决的问题；我说我的，没勉强谁跟我学。第一，我读书没系统。借着什么，买着什么，遇着什么，就读什么。不懂的放下，使我糊涂的放下，没趣味的放下，不客气。我不能叫书管着我。

第二，读得很快，而不记住。书要都叫我记住，还要书干吗？书应该记住自己。对我，最讨厌的发问是："那个典故是哪儿的呢？""那句话是怎么来着？"我永不回答这样的考问，即使我记得。我又不是印刷机器养的，管你这一套！

读得快，因为我有时候跳过几页去。不合我的意，我就练习跳远。书要是不服气的话,来跳我呀！看侦探小说的时候，我先看最后的几页，省事。

第三，读完一本书，没有批评，谁也不告诉。一告诉就糟："嘿，你读《啼笑姻缘》？"要大家都不读《啼笑姻缘》，人家写它干吗呢？一批评就糟："尊家这点意见？"我不惹气。读完一本书再打通儿架，不上算。我有我的爱与不爱，存在我自己心里。我爱念什么就念，有什么心得我自己知道，这是种享受，虽然显得自私一点。

再说呢，我读书似乎只要求一点灵感。"印象甚佳"便是好书，我没工夫去细细分析它，所以根本便不能批评。"印象甚佳"有时候并不是全书的，而是书中的一段最入我的味；因为这一段使我对这全书有了好感；其实这一段的美或者正足以破坏了全体的美，但是我不去管；有一段叫我喜欢两天的，我就感谢不尽。因此，设若我真去批评，大概是高明不了。

第四，我不读自己的书，不愿谈论自己的书。"儿子是自己的好"，我还不晓得，因为自己还没有过儿子。有个小女儿，女儿能不能代表儿子，就不得而知，"老婆是别人的好"，我也不敢加以拥护，特别是在家里。但是我准知道，书是别人的好。别人的书自然未必都好，可是至少给我一点我不知道的东西。自己的，一提都头疼！自己的书，和自己的运气，好像永远是一对儿累赘。

第五，哼，算了吧。

写与读

□ 老 舍

　　要写作，便须读书。读书与著书是不可分离的事。当我初次执笔写小说的时候，我并没有考虑自己应否学习写作，和自己是否有写作的才力。我拿起笔来，因为我读了几篇小说。这几篇小说并不是文艺杰作，那时候我还没有辨别好坏的能力。读了它们，我觉得写小说必是很好玩的事，所以我自己也愿试一试。《老张的哲学》便是在这种情形下写出来的。无可避免的，它必是乱七八糟，因为它的范本——那时节我所读过的几篇小说——就不是什么高明的作品。

　　一边写着"老张"，一边抱着字典读莎士比亚的《韩姆烈德》①。这是一本文艺杰作，可是它并没有给我什么好处。这使我怀疑：以我们的大学里的英文程度，而必读一半本莎士比亚，是不是白费时间？后来，我读了英译的《浮士德》，也丝毫没得到好处。这使我非常的苦闷，为什么被人人认为不朽之作的，并不给我一点好处呢？

　　有一位好友给我出了主意。他教我先读欧洲史，读完了古希腊史，再去读古希腊文艺，读完了古罗马史，再去读古罗马文艺……这的确是个好主意。从历史中，我看见了某一国在某一时代的大概情形，而后在文艺作品中我看见了那一地那一时代的社会光景，二者相证，我就明白了一点文艺的内容与形式都是事有必至，理有固然。不过，说真的，那些古老的东西往往教我瞪着眼咽气！读到半本英译的《衣里

---

① 即《哈姆莱特》。

亚德》①，我的忍耐已用到极点，而想把它扔得远远的，永不再与它谋面。可是，一位会读希腊原文的老先生给我读了几十行荷马，他不是读诗，而是在唱最悦耳的歌曲！大概荷马的音乐就足以使他不朽吧？我决定不把它扔出老远去了！他的《奥第赛》②比《衣里亚德》更有趣一些——我的才力，假若我真有点才力的话，大概是小说的，而非诗歌的；《奥第赛》确乎有点像冒险小说。

希腊的悲剧教我看到了那最活泼而又最悲郁的希腊人的理智与感情的冲突，和文艺的形式与内容的调谐。我不能完全明白它们的技巧，因为没有看见过它们在舞台上"旧戏重排"。从书本上，我只看到它们的"美"。这个美不仅是修辞上的与结构上的，而也是在希腊人的灵魂中的；希腊人仿佛是在"美"里面呼吸着的。

假若希腊悲剧是鹤唳高天的东西，我自己的习作可仍然是爬伏在地上的。一方面，古希腊的三大悲剧家是世界文学史中罕见的天才，高不可及，一方面，我读了阿瑞司陶风内司③的喜剧，而喜剧更合我的口胃。假若我缺乏组织的能力与高深的思想，我可是会开玩笑啊，这时候，我开始写《赵子曰》——一本开玩笑的小说。

在悲剧喜剧之外，我最喜爱希腊的短诗。这可只限于喜爱。我并不敢学诗。我知道自己没有诗才。希腊的短诗是那么简洁，轻松，秀丽，真像是"他只有一朵花，却是玫瑰"那样。我知道自己只是粗枝大叶，不敢高攀玫瑰！

赫罗都塔司④，赛诺风内⑤，与修西地第司⑥的作品，我也都耐着性子读了，他们都没给我什么好处，读他们，几乎像读列国演义，读过便全忘掉。

---

① 即《伊利亚特》。
② 即《奥德赛》。
③ 即阿里斯托芬。
④ 即希罗多德。
⑤ 即色诺芬。
⑥ 即修昔底德。

古罗马的作品使我更感到气闷。能欣赏米尔顿①的，我想，一定能喜爱乌吉尔②。可是，我根本不能欣赏米尔顿。我喜爱跳动的，天才横溢的诗，而不爱那四平八稳的工力深厚的诗。乌吉尔是杜甫，而我喜欢李白。罗马的雄辩的散文是值得一读的，它们常常给我们一两句格言与宝贵的常识，使我们认识了罗马人的切于实际，洞悉人情。可是，它们并不能给我们灵感。一行希腊诗歌能使我们沉醉，一整篇罗马的诗歌或散文也不能使我们有些醉意——罗马伟大，而光荣属于希腊。

对中古时代的作品，我读得不多。北欧、英国、法国的史诗，我都看了一些，可是不感兴趣。它们粗糙，杂乱，它们确是一些花木，但是没经过园丁的整理培修。尤其使我觉着不舒服的是它们硬把历史的界限打开，使基督前的英雄去作中古武士的役务。它们也过于爱起打与降妖。它们的历史的、地方的、民俗的价值也许胜过了文艺的，可是我的目的是文艺呀。

使我受益最大的是但丁的《神曲》。我把所能找到的几种英译本，韵文的与散文的，都读了一过儿，并且搜集了许多关于但丁的论著。有一个不短的时期，我成了但丁迷，读了《神曲》，我明白了何谓伟大的文艺。论时间，它讲的是永生。论空间，它上了天堂，入了地狱。论人物，它从上帝，圣者，魔王，贤人，英雄，一直讲到当时的"军民人等"。它的哲理是一贯的，而它的景物则包罗万象。它的每一景物都是那么生动逼真，使我明白何谓文艺的方法是从图像到图像，天才与努力的极峰便是这部《神曲》，它使我明白了肉体与灵魂的关系，也使我明白了文艺的真正的深度。

文艺复兴时期的作品永远给人以灵感。尽管阿比累是那么荒唐杂乱，尽管英国的戏剧是那么夸大粗壮，可是它们教我的心跳，教我敢冒险去写作，不怕碰壁。不错，浪漫派的作品也往往失之荒唐与夸大，但是文艺复兴的大胆是人类刚从暗室里出来，看到了阳光的喜悦，而

---

① 即弥尔顿。
② 即维吉尔。

浪漫派的是失去了阳光,而叹息着前途的黯淡。文艺复兴的啼与笑都健康!

因为读过了但丁与文艺复兴的文艺,直到如今,我心中老有个无可解开的矛盾:一方面,我要写出像《神曲》那样完整的东西;另一方面,我又想信笔写来,像阿比累那样要笑就笑个痛快,要说什么就说什么。细腻是文艺者必须有的努力,而粗壮又似乎足以使人们能听见巨人的狂笑与嚎啕。我认识了细腻,而又不忍放弃粗壮。我不知道站在哪一边好。我写完了《赵子曰》。它粗而不壮。它闹出种种笑话,而并没有在笑话中闪耀出真理来。《赵子曰》也会哭会笑,可不是巨人的啼笑。用不着为自己吹牛啊,拿古人的著作和自己的比一比,自己就会公平的给自己打分数了!

在我作事的时候,我总愿意事前有个计划,而后一一的"照计而行"。不过,这个心愿往往被一点感情或脾气给弄乱,而自己破坏了自己的计划。在事后想起自己这种愚蠢可笑,我就无可如何的名之为"庸人的浪漫"。在我的作品里,我可是永远不会浪漫。我有一点点天赋的幽默之感,又搭上我是贫寒出身,所以我会由世态与人情中看出那可怜又可笑的地方来;笑是理智的胜利,我不会皱着眉把眼钉在自己的一点感触上,或对着月牙儿不住的落泪,因此,我很喜欢十七八世纪假古典主义的作品。不错,这种作品没有浪漫派的那种使人迷醉颠倒的力量;可是也没有浪漫派的那种信口开河,唠里唠叨的毛病。这种作品至少是具有平稳、简明的好处。在文学史中,假古典主义本来是负着取法乎古希腊与罗马文艺的法则而美化欧西各国的文字的责任的;对我,它依样的还有这个功能——它使我知道怎样先求文字上的简明及思路上的层次清楚,而后再说别的。我佩服浪漫派的诗歌,可是我喜欢假古典派的作品,正像我只能读咏唐诗,而在自己作诗的时候却取法乎宋诗。至于浪漫派小说,我没读过多少,也不想再读。假若我在十六七岁的时候就接触了浪漫派的小说,我也许能像在十二三岁时读《三侠剑》与《绿牡丹》那样的起劲入神,可是它们来到我眼中的时候,我已是快三十岁的人,我只觉得它们的侠客英雄都是二簧戏里的花脸儿,他们的行动也都配着锣鼓。我要看真的社会与人生,而不愿老看二簧戏。

1928年至1929年,我开始读近代的英法小说。我的方法是:由书里和友人的口中,我打听到近三十年来的第一流作家,和每一作家的代表作品。我要至少读每一名作家的"一"本名著。这个计划太大。近代是小说的世界,每一年都产生几本可以传世的作品。再说,我并不能严格的遵守"一本书"的办法,因为读过一个名家的一本名著之后,我就还想再读他的另一本;趣味破坏了计划。英国的威尔斯,康拉德,美瑞地茨①,和法国的福禄贝尔与莫泊桑,都拿去了我很多的时间。在这一年多的时间中,我昼夜的读小说,好像是落在小说阵里。它们对我的习作的影响是这样的:(1)大体上,我喜欢近代小说的写实的态度,与尖刻的笔调。这态度与笔调告诉我,小说已成为社会的指导者,人生的教科书;他们不只供给消遣,而是用引人入胜的方法作某一事理的宣传。(2)我最心爱的作品,未必是我能仿造的。我喜欢威尔斯与赫胥黎的科学的罗曼司,和康拉德的海上的冒险,但是我学不来。我没有那么高深的学识与丰富的经验。"读"然后知"不足"啊!(3)各派的小说,我都看到了一点,我有时候很想仿制。可是,由多读的关系,我知道摹仿一派的作风是使人吃亏的事。看吧,从古至今,那些能传久的作品,不管是属于哪一派的,大概都有个相同之点,就是它们健康,崇高,真实。反之,那些只管作风趋时,而并不结实的东西,尽管风行一时,也难免境迁书灭。在我的长篇小说里,我永远不刻意的摹仿任何文派的作风与技巧;我写我的。在短篇里,有时候因兴之所至,我去摹仿一下,为是给自己一点变化。(4)多读,尽管不为是去摹仿,也还有个好处:读的多了,就多知道一些形式,而后也就能把内容放到个最合适的形式里去。

① 即梅瑞狄斯。

回国之后，我才有机会多读俄国的作品。我觉得俄国的小说是世界伟大文艺中的"最"伟大的。我的才力不够去学它们的，可是有它们在心中，我就能因自惭才短的希望自己别太低级，勿甘自弃。

对于剧本，我读过不多。抗战后，我也试写剧本，成绩不好是无足怪的。

文艺理论是我在山东教书的时候，因为预备讲义才开始去读的；读的不多，而且也没有得到多少好处。我以为"论"文艺不如"读"文艺。我们的大学文学系中，恐怕就犯有光论而不读的毛病。

读书而外，一个作家还须熟读社会人生。因为我"读"了人力车夫的生活，我才能写出《骆驼样子》。它的文字，形式，结构，也许能自书中学来的；他的内容可是直接的取自车厂，小茶馆与大杂院的；并没有看过另一本专写人力车夫的生活的书。

读书的意义

□ 俞平伯

古人云，"读万卷书，行万里路。"这不仅有关连，是一桩事情的两种看法而已。游历者，活动的书本。读书则曰卧游，山川如指掌，古今如对面，乃广义的游览。现在，因交通工具的方便，走几万里路不算什么，读万卷书的日见其少了。当有种种的原因，最浅显的看法，是读书的动机环境空气无不缺乏。

讲到读书的真意义，于扩充知识以外兼可涵咏性情，修持道德，原不仅为功名富贵做敲门砖。即为功名富贵，依目下的情形，似乎不必定要读书，更无须借光圣经贤传，甚至于愈读书会愈穷，这无怪喜欢读书，懂得怎样读的人一天一天的减少了。读书空气稀薄，读书种子的稀少，互为固果循环。

现在有一些人，你对他说身心性命则以为迂阔，对他说因果报应则以为荒谬，对他说风花雪月则以为无聊。不错，是迂阔，荒谬，无聊。你试问他，不迂阔，不荒谬，不无聊的是啥？他会有种种漂亮的说法。但你不可过于信他，他只是要钱而已。文言谓之好利。有一个故事，不见得靠得住，只可以算笑话。乾隆帝下江南，在金山寺登高，望见江中大大小小多多少少的船，戏问随銮的纪晓岚，共有几只。这原是难题，拿来开顽笑的，若回答说不知道，那未免杀风景。纪回答得好，臣只见两条船，一条为名，一条为利。在那时，这故事讽刺世情已觉刻露，但现在看来，不免古色古香。意存忠厚，应该对答皇帝道，只有一条船。

好利之心压倒一切，非一朝一夕之故。古人说："不以利为利，以义为利也。"以义为利是遥远的古话。退一步说,以名为利。然名利双收,话虽好听,利必不大。惟有不恤声名的干,以利为利,始专而且厚。道德名誉的观念本多半从书本中来,不恤声名与不好读书亦有相互的关连。

在这一昧好利的空气中寻求读书乐,岂不难于上青天,除非我们把两者混合。假如我们能够立一种制度,使天下之俊秀求官位利禄之途必出于读书,近乎从前科举的办法,这或者还有人肯下十载寒窗的苦功,严格说来,这已失却读书的真意义,何况这制度的确立还遥遥无期。

现在有一种情形,这十年以来,说得远一点,二三十年以来都如此,就是国文程度显著的低落,别字广泛的流行着,在各级学校任教的,人人皆知,人人皱眉头痛,认为不大好办的事情。这严重的光景,不仅象征着读书阶级的崩溃,并直接或间接影响到民族的前途,国家的生长。

文字教育好像不算得什么。文字原不过白纸上画黑道,一种形迹而已,但文化却寄托在这形迹上。我们常夸说神州立国几千年,华夏提封数万里,这种时空的超卓并不必由于天赋,实半出于人为,皆先民积久辛勤努力所致,我们应如何欢喜惭愧,却不可有恃无恐,方块字的完整,艰深,固定,虽似妨碍文化知识的普及,亦正于无形之中维护国家的统一与永久。从时间说,我们读古书如《论孟》,觉得孔子孟子似乎不太远,而杜工部苏东坡的诗文呢,他们两位活像我们的老前辈,这是方块文字不易变动之力。假如当初完全用音标文字,那不必提周秦两汉,就是唐宋,也就很遥远而隔膜,我们通解先民的情思比较困难,而华夏国本亦因而动摇不安。再从空间说,北自满洲,南迄岭海,虽分南北中三部,细分还有更多的区域,然而中国始终只是一个,譬如说广东话与北京话完全两样,而纸上文字完全一致。我国屡经外夷侵略,或暂被征服,而于风雨飘摇中始终屹立不失者,上面已表过是先民血汗的成绩,而在民族的团结上,文字确也帮忙不少。

历史事实具在，不容易否认的。

所以文字教育的失败，表面上看只是读书种子稀少，一般国文水准低落而已，骨子里已损害民族国家的前途，自非好作危言耸人听闻。废书不读可谓今日之流行病。用功的人难道没有？即有少数人的好学潜修也不足挽回这颓风。即以学校教育而论，听讲的时间每多于自修，而自修课业，有如太史公所谓好学深思心知其意者能有几人？我不敢轻量天下之士，武断地说或者不多罢。如何使人安心向学，对读书感到兴味，似是小事，却是牵连社会生计问题，譬如饿着肚子读书当然不成的，更有关于教育考试铨叙各制度的改革。我们从事教育写作文字的固责无旁贷，但已不仅是个人努力的事，而成为民族复兴国运重光的大业之一支了。

谈谈怎样读书

□ 王　力

首先谈读什么书。

中国的书是很多的，光古书也浩如烟海，一辈子也读不完，所以读书要有选择。清末张之洞写了一本书叫《书目答问》，是为他的学生写的，他的学生等于我们现在的研究生。他说写这本书有三个目的：第一个目的是给这些学生指出一个门径，从何入手；第二个目的是要他们选择良莠，即好不好，好的书才念，不好的书不念；第三个目的是分门别类，再加些注解，以帮助学生念书。从《书目答问》看，读书就有个选择的问题，好书才读，不好的就不用读。他开的书单子是很长的，我们今天要求大家把他提到的书都读过也不可能，今天读书恐怕要比《书目答问》提出的书少得多。我们没有那么多时间，因此，选择书很重要，不加选择，如果读的是一本没有用处的书，或者是一本坏书，那就是浪费时间。不只是浪费时间，有时还接受些错误的东西。到底读什么不读什么？这要根据各人的专业来定。如对搞汉语史的来说，倘若一本书是专门研究六书的，或者专门研究什么叫转注的，像这样的书就不必读，因为对研究汉语史没什么帮助。而像《说文段注》《马氏文通》这样的书就不可不读了。因为《马氏文通》是我国最早的一部语法书，而读了《说文段注》，对《说文解字》就容易理解多了，这对研究汉语史很有帮助。读书要有选择，这是第一点，可以叫去粗取精。

第二点叫由博返约。对于由博返约，现在大家不很注意，所以要讲一讲。我们研究一门学问，不能说限定在哪一门学问里的书我才念，别的书我不念。你如果不读别的书，只陷于你搞的那一门的书里边，这是很不足取的，一定念不好，因为你的知识面太窄了，碰到别的问题你就不懂了。过去有个坏习惯，研究生只是选个题目，这题目也相当尖，但只写论文了，别的书都没念，将来做学问就有很大的局限性。如果将来做老师，那就更不好了。搞汉语史的，除了关于汉语史的一些书要读，还有很多别的书也要读，首先是历史，其次是文学。多了，还是应该由博到专，即所谓由博返约。

第三点，要厚今薄古。这是什么意思呢？这是因为从前人的书，如果有好的，现代人已经研究，并加以总结发挥了。我们念今人的书，古代的书也包括在里边了。如果这书质量不高，没什么价值，那就大可不念。《书目答问》就曾提到过这一点，他说他选的大多是清朝的书，有些古书，也是清朝人整理并加注解的。比如经书，十三经，也是经清朝人整理并加注解的。从前，好的书，经清朝人整理就行了，不好的书，清朝人就不管它了。他的意思，也就是我上面说的那个意思。他的话可适用于现在，并不需要把很多古书都读完，那也做不到。

再谈谈怎样读书。

首先应读书的序例，即序文和凡例。过去我们有个坏习惯，以为看正文就行了，序例可以不看。其实序例里有很多好东西。序例常常讲到写书的纲领、目的。替别人作序的，还讲书的优点。凡例是作者认为应该注意的地方。这些都很好，而我们常常忽略。《说文》的序是在最后的，我建议你们念《说文段注》把序提到前面来念。《说文序》，段玉裁也加了注，更应该念。《说文段注》有王念孙的序，很重要，主要讲《说文段注》之所以写得好，是因为作者讲究音韵，掌握了古音，能从音到义。王序把段注整部书的优点都讲了。再如《马氏文通》序和凡例是很好的东西，序里有句话："会集众字以成文，其道终不变。"意思是说许多单词集合起来就成文章了，它的道理永远不变。他上面讲到了字形常有变化，字音也常有变化，只有语法自始至终是一样的。当然，他这话并不全面，语法也会有变化的，但他讲了一个道理，即语法的稳定性。我们的语法自古至今变化不大，比起语音的变化差得远，语法有它的稳定性。另外，序里还有一句话："字之部分类别，与夫字与字相配成句之义。"这句意思是说研究语法，首先要分词类，然后是这些词跟词怎么搭配成为句子。语法就是讲这个东西，这句话把语法的定义下了，这定义至少对汉语是适用的。《马氏文通》的凡例更重要。里面说，《孟子》有两句话："亲之欲其贵也，爱之欲其富也。""之"是"他"的意思，"其"也是"他"的意思。为什么不能互换呢？又如《论语》里有两句话："爱之能勿劳乎？忠焉能勿诲乎？"两句格式很相像，为什么一句用"之"，一句用"焉"，《论语》里还有两句话："俎豆之事，则尝闻之矣；军旅之事，则未之学也。"这两句话也差不多；为什么一句用"矣"，一句用"也"呢？这你就非懂语法不可。不懂，这句话就不能解释。从前人念书，都不懂这些，谁也不知道提出这个问题来，更不知怎么解答了。这些问题从语法上很好解释，根据马氏的说法，参照我的意见，可以这样解释："亲之欲其贵也，……"为什么"之"、"其"不能互换，因为"之"只能用作宾语，"其"相反，不能用作宾语。"之"、"其"的任务是区别开的，所以不能互换。"爱之能勿劳乎？忠焉能勿诲乎？"为什么前一句用"之"，后一句用"焉"？因为"爱"是及物动词，"忠"是不及物动词，"爱"及物，用"之"，"之"是直接宾语；"忠"是不及物，只能用"焉"，因为"焉"是间接宾语。再有"俎豆之事，则尝闻之矣；军旅之事，则未之学也。""矣"是表示既成事实，事情已完成；"未之学也"，是说这事没完成，没这事，所以不能用"矣"，只能用"也"。凡没完成的事，只能用"也"，不能用"矣"。从语法讲，很清楚。不懂语法，古汉语无从解释，他这样一个凡例有什么好处呢？说明了人们为什么要学语法，他为什么要写一本语法书。不单是《说文段注》

和《马氏文通》这两部书,别的书也一样,看书必须十分注意序文和凡例。

其次,要摘要作笔记。现在人们喜欢在书的旁边圈点,表示重要。这很好,但是还不够,最好把重要的地方抄下来。这有什么好处呢?张之洞《书目答问》中有一句话很重要,他说:"读书不知要领,劳而无功"。一本书,什么地方重要,什么地方不重要,你看不出来,那就劳而无功,你白念了。现在有些人念书能把有用的东西吸收进去,有的人并没有吸收进去,看了就都忘了。为什么?用为他就知道看,不知道什么地方是好的,什么地方是最重要的,最精彩的,即张之洞所谓的要领,他不知道,这个书就白念了。有些人就知道死记硬背,背得很多,背下来有没有用处呢?也还是没有用处。这叫劳而无功。有些人并不死记硬背,有些地方甚至马马虎虎就看过去了,但念到重要的地方,他就一点不放过,把它记下来。所以,读书要摘要作笔记。

第三点,应考虑试着作眉批,在书的天头上加自己的评论。看一本书如果自己一点意见都没有,可以说你没有好好看。你好好看的时候,总会有些意见的。所以,最好在书眉,又叫天头,即书上空的地方作些眉批。试试看,我觉得这本书什么地方好,什么地方不合适,都可以加上评论。昨天,我看从前我念过的那本《马氏文通》,看到上面都写有眉批,那时我才二十六岁。我在某一点不同意书的意见,有我的看法,就都写在上边了。今天拿来看,拿五十年前批的来看,有些批的是对的,有些批错了,但没关系,因为经过了你自己的考虑。批人家,你自己就得用一番心思,这样,对那本书的印象就特别深。自己作眉批,可以帮你读书,帮你把书的内容吸收进去。现在,我们自己买不到书,也可以用另外的办法,把记笔记和书评结合在一起,把书评写在笔记里,这样很方便。用笔记本一方面把重要的记下来,另一方面,某一些地方我不同意书里的讲法,可以写上一段自己的看法,表示自己的意思,把笔记眉批并为一个东西。

另外，要写读书报告，如果你作了笔记，又作了眉批以后，读书报告就很好写了。最近看了一篇文章，一篇很好的读书报告，就是赵振铎的《读〈广雅疏证〉》，可以向他学习。《广雅疏证》是怎么写的，有什么优点，他都讲到了。像这样写个读书报告就很好，好的读书报告简直就是一篇好的学术论文。

忆读书

□ 冰　心

一谈到读书,我的话就多了!

我自从会认字后不到几年,就开始读书。倒不是四岁时读母亲教给我的商务印书馆出版的国文教科书第一册的"天,地,日,月,山,水,土,木"以后的那几册,而是七岁时开始自己读的"话说天下大势,分久必合,合久必分……"的《三国演义》!

那时我的舅父杨子敬先生每天晚饭后必给我们几个表兄妹讲一段《三国演义》,我听得津津有味,什么"宴桃园豪杰三结义,斩黄巾英雄首立功",真是好听极了,但是他讲了半个钟头,就停下去干他的公事了。我只好带着对于故事下文的无限悬念,在母亲的催促下,含泪上床。

此后我决定咬了牙拿起一本《三国演义》来,自己一知半解地读了下去,居然越看越懂,虽然字音都读得不对,比如把"凯"念作"岂",把"诸"念作"者"之类,因为就只学过那个字一半部分。

谈到《三国演义》我第一次读到关羽死了,哭了一场,便把书丢下了。第二次再读时,到诸葛亮死了,又哭了一场,又把书丢下了。最后忘了是什么时候才把全书读到分久必合的结局。

这时就同时还看了母亲针线笸里常放着的那几本《聊斋志异》。聊斋故事是短篇可以随时拿起放下,又是文言的,这对于我的作文课,很有帮助,时为我的作文老师曾在我的作文本上,批着"柳州风骨,长吉清才"的句子,其实我那时还没有读过柳宗元和李贺的文章,只因那时的作文,都是用文言写的。

因为看《三国演义》引起了我对章回小说的兴趣,对于那部述说"官逼民反"的《水浒传》大加欣赏。那部书里着力描写的人物,如林冲——林教头风雪山神庙一回,看了使我气愤填胸!武松、鲁智深等人,都有其自己极其生动的风格,虽然因为作者要凑成三十六天罡七十二地煞勉勉强强地满了一百零八人的数目,我觉得也比没有人物个性的《荡寇志》强多了。

《精忠说岳》并没有给我留下太大的印象,虽然岳飞是我从小就崇拜的最伟大的爱国英雄。在此顺便说一句,我酷爱古典诗词,但能够从头背到底的,只有岳武穆的《满江红》"怒发冲冠"那一首,还有就是李易安的《声声慢》。她那几个叠字:"寻寻,觅觅,凄凄,惨惨,戚戚……"写得十分动人,尤其是以"寻寻觅觅"起头,描写尽了"若有所失"的无聊情绪。

到得我十一岁时,回到故乡的福州,在我祖父的书桌上看到了林琴南老先生送给他的《茶花女遗事》,使我对于林译外国小说,有了广泛的兴趣,那时只要我手里有几角钱,就请人去买林译小说来看,这又使我知道了许多外国的人情世故。

《红楼梦》是在我十二三岁时看的,起初我对它的兴趣并不大,贾宝玉女声女气,林黛玉的哭哭啼啼都使我厌烦,还是到了中年以后,再拿起这部书看时,才尝到"满纸荒唐言,一把辛酸泪",一个朝代和家庭的兴亡盛衰的滋味。

总而言之,统而言之,我这一辈子读到的中外的文艺作品,不能算太少。我永远感到读书是我生命中最大的快乐!从读书中我还得到了做人处世的"独立思考"的大道理,这都是从"修身"课本中所得不到的。

我自1980年到日本访问回来后即因伤腿,闭门不出,"行万里路"做不到了,"读万卷书"更是我唯一的消遣。我每天都会得到许多书刊,知道了许多事情,也认识了许多人物。同时,书看多了,我也会挑选，比较。比如说看了精彩的《西游记》就会丢下烦琐的《封神榜》，看了人物如生的《水浒传》就不会看索然乏味的《荡寇志》等等。对于现代的文艺作品，那些写得朦朦胧胧的，堆砌了许多华丽的词句的、无病而呻、自作多情的风花雪月的文字，我一看就从脑中抹去，但是那些满带着真情实感，十分质朴浅显的篇章，哪怕只有几百上千字，也往往使我心动神移，不能自己！

书看多了，从中也得到一个体会，物怕比，人怕比，书也怕比，"不比不知道，一比吓一跳。"

因此，在某年的六一国际儿童节，有个儿童刊物要我给儿童写几句指导读书的话，我只写了几个字，就是：

读书好，多读书，读好书。

1989年9月8日清晨

读 书
□ 冰 心

我常想,假如我不识得字,这病中一百八十天的光阴,如何消磨得下去?

感谢我的母亲,在我四五岁时,在我百无聊赖的时候,把文字这把钥匙,勉强地塞在我手里。我七岁时,独游无伴的环境,迫着我带着这把钥匙,打开了书库的大门。

门内是使我眼花缭乱的画面!我一跨进这个门槛,我就出不来了!

我的文字工具,并不锐利,而我所看到的书,又多半是很难攻破的。但即使我读到的对我是些不熟悉的东西,而"熟能生巧"一个字形的反复呈现,这个字的意义,也会让我猜到一半。

我记得我首先得到手的,是《三国演义》和《聊斋志异》,这里我只谈《聊斋志异》。

《聊斋志异》真是一本好书,每一段故事,多的几千字,少的只有几百字。其中的人物,是人、是鬼、是狐,都有自己独特的性格。每个"人"都从字上站起来了!看得我有时欢笑、有时流泪,母亲说我看书看得疯了。不幸的《聊斋志异》,有一次因为我在澡房里偷看,把洗澡水都凉透了,她气得把书抢过去了,撕去了一角,从此后我就反复看着这残缺不全的故事,直到十几年后我自己买到一部新书时,才把故事的情节拼全了。

此后是无论是什么书,我得到就翻开看。我记得当我八岁或九岁的时候我要求我的老师教给我做诗,他说做诗要先学对对子,我说我要试试看。他笑着给我写了三个字，是"鸡唱晓"，我几乎不假思索地就对上个"鸟鸣春"，他大为喜悦诧异，以为我自己已经看过韩愈的《送孟东野序》。其实，"以鸟鸣春，以雷鸣夏，以虫鸣秋，以风鸣冬"这四句话，我是在一张香烟画后面看到的！

再大一点，我又看了两部"传奇"，如《再生缘》《天雨花》等，都是女作家写的。书中的主要角色，又都是很有才干的女孩子，如《再生缘》中的孟丽君，《天雨花》中的左仪贞。故事都很曲折，最后还是大团圆。

与此同时，我还看了许多商务印书馆出版的"说部丛书"，其中就有英国名作家狄更斯的《块肉余生述》，也就是《大卫·考伯菲尔》，我很喜欢这本书！译者林琴南老先生，也说他译书的时候，被原作的情文所感动，而"笑啼间作"。我记得当我反复地读这本书的时候，当可怜的大卫从虐待他的店主那里出走，去投奔他的姨婆，旅途中饥寒交迫的时候，我一边流泪，一边掰我手里母亲给我当点心吃的小面包，一块一块地往嘴里塞，以证明并体会我自己是幸福的！有时被母亲看见了，就说"你这孩子真奇怪，有书看，有东西吃，你还哭！"事情过去几十年了，这一段奇怪的心理，我从来没有对人说过！

书

□ 梁实秋

从前的人喜欢夸耀门第，纵不必家世贵显，至少也要是书香人家才能算是相当的门望。书而曰香，盖亦有说。从前的书，所用纸张不外毛边连史之类，加上松烟油墨，天长日久密不通风自然生出一股气味，似沉檀非沉檀，更不是桂馥兰熏，并不沁人脾胃，亦不特别触鼻，无以名之名之曰书香。书斋门窗紧闭，乍一进去，书香特别浓，以后也就不大觉得。现代的西装书，纸墨不同，好像有一股煤油味，不好说是书香了。

不管香不香，开卷总是有益。所以世界上有那么多有书癖的人，读书种子是不会断绝的。买书就是一乐，旧日北平琉璃厂隆福寺街的书肆最是诱人，你迈进门去向柜台上的伙计点点头便直趋后堂，掌柜的出门迎客，分宾主落座，慢慢的谈生意。不要小觑那位书贾，关于目录版本之学他可能比你精。搜访图书的任务，他代你负担，只要他摸清楚了你的路数，一有所获立刻专人把样函送到府上，合意留下翻看，不合意他拿走，和和气气。书价么，过节再说。在这样情形之下，一个读书人很难不染上"书淫"的毛病，等到四面卷轴盈满，连坐的地方都不容易匀让出来，那时候便可以顾盼自雄，酸溜溜的自叹"丈夫拥书万卷，何假南面百城？"现代我们买书比较方便，但是搜访的乐趣，搜访而偶有所获的快感，都相当的减少了。挤在书肆里浏览图书，本来应该是像牛吃嫩草，不慌不忙的，可是若有店伙眼睛紧钉着你，生怕你是一名雅贼，你也就不会怎样的从容，还是早些离开这是非之地好些。更有些书不裁毛边，干脆拒绝翻阅。

"郝隆七月七日，出日中仰卧，人问其故，曰：'我晒书'。"（见《世说新语》）郝先生满腹诗书，晒书和日光浴不妨同时举行。恐怕那时候的书在数量上也比较少，可以装进肚里去。司马温公也是很爱惜书的，他告诫儿子说："吾每岁以上伏及重阳间视天气晴明日，即净几案于当日所，侧群书其上以晒其脑。所以年月虽深，从不损动。"书脑即是书的装订之处，翻叶之处则曰书口。司马温公看书也有考究，他说："至于启卷，必先几案洁净，借以茵褥，然后端坐看之。或欲行看，即承以方版，未曾敢空手捧之，非惟手污渍及，亦虑触动其脑。每至看竟一版，即侧右手大指面衬其沿，随覆以次指面，乃而夹过，故得不至揉熟其纸。每见汝辈多以指爪撮起，甚非吾意。"（见《宋稗类钞》）我们如今的图书不这样名贵，并且装订技术进步，不像宋朝的"蝴蝶装"那样的娇嫩，但是读书人通常还是爱惜他的书，新书到手先裹上一个包皮，要晒，要揎，要保管。我也看见过名副其实的收藏家，爱书爱到根本不去读它的程度，中国书则锦函牙签，外国书则皮面金字，皮置柜橱，满室琳琅，真好像是如嬛福地，书变成了陈设，古董。

有人说"惜书一痴，还书一痴。"有人分得更细："惜书一痴，惜书二痴，索书三痴，还书四痴。"大概都是有感于书之有借无还。书也应该深藏若虚，不可慢藏诲盗。最可恼的是全书一套借去一本，久假不归，全书成了残本。明人谢肇淛编《五杂组》，记载一位"虞参政藏书数万卷，贮之一楼，在池中央，小木为徇，夜则去之。榜其门曰：'楼不延客，书不借人。'"这倒是好办法，可惜一般人难得有此设备。

读书乐，所以有人一卷在手往往废寝忘食。但是也有人一看见书就哈欠连连，以看书为最好的治疗失眠的方法。黄庭坚说："人不读书，则尘俗生其间，照镜则面目可憎，对人则语言无味。"这也要看所读的是些什么书。如果读的尽是一些猥亵的东西，其人如何能有书卷气之可言？宋真宗皇帝的劝学文，实在令人难以入耳："富家不用买良田，书中自有千钟粟,安居不用架高堂,书中自有黄金屋,出门莫恨无人随,书中车马多如簇,娶妻莫恨无良媒,书中自有颜如玉,男儿欲遂平生志,六经勤向窗前读。"不过是把书当做敲门砖以遂平生之志,勤读六经,考场求售而已。十载寒窗,其中只是苦,而且吃尽苦中苦,未必就能进入佳境。倒是英国19世纪的罗斯金,在他的《芝麻与白百合》第一讲里,劝人读书尚友古人,那一番道理不失雅入深致。古圣先贤,成群的名世的作家,一年四季的排起队来立在书架上面等候你来点唤,呼之即来挥之即去。行吟泽畔的屈大夫,一邀就到,饭颗山头的李白杜甫也会连袂而来;想看外国戏,环球剧院的拿手好戏都随时承接堂会;亚里士多德可以把他逍遥廊下的讲词对你重述一遍。这真是读书乐。

  我们国内某一处的人最好赌博,所以讳言书,因为书与输同音,读书曰读胜。基于同一理由,许多地方的赌桌旁边忌人在身后读书。人生如博奕,全副精神去应付,还未必能操胜算。如果沾染上书癖,势必呆头呆脑,变成书呆,这样的人在人生的战场之上怎能不大败亏输?所以我们要钻书窟,也还要从书窟里钻出来。朱晦庵有句:"书册埋头何日了,不如抛却去寻春",是见道语,也是老实话。

漫谈读书

□ 梁实秋

我们现代人读书真是幸福。古者,"著于竹帛谓之书",竹就是竹简,帛就是缣素。书是希罕而珍贵的东西。一个人若能垂于竹帛,便可以不朽。孔子晚年读《易》,韦编三绝,用韧皮贯联竹简,翻来翻去以至于韧皮都断了,那时候读书多么吃力!后来有了纸,有了毛笔,书的制作比较方便,但在印刷之术未行以前,书的流传完全是靠抄写。我们看看唐人写经,以及许多古书的钞本,可以知道一本书得来非易。自从有了印刷术,刻版、活字、石印、影印,乃至于显微胶片,读书的方便无以复加。

物以希为贵。但是书究竟不是普通的货物。书是人类的智慧的结晶,经验的宝藏,所以尽管如今满坑满谷的都是书,书的价值不是用金钱可以衡量的。价廉未必货色差,畅销未必内容好。书的价值在于其内容的精到。宋太宗每天读《太平御览》等书二卷,漏了一天则以后追补,他说:"开卷有益,朕不以为劳也。"这是"开卷有益"一语之由来。《太平御览》采集群书一千六百余种,分为五十五门,历代典籍尽萃于是,宋太宗日理万机之暇日览两卷,当然可以说是"开卷有益"。如今我们的书太多了,纵不说粗制滥造,至少是种类繁多,接触的方面甚广。我们读书要有抉择,否则不但无益而且浪费时间。

那么读什么书呢?这就要看各人的兴趣和需要。在学校里,如果能在教师里遇到一两位有学问的,那是最幸运的事,他能适当的指点我们读书的门径。离开学校就只有靠自己了。读书,永远不恨其晚。晚,比永远不读强。有一个原则也许是值得考虑的：作为一个道地的中国人，有些部书是非读不可的。这与行业无关。理工科的、财经界的、文法门的，都需要读一些蔚成中国文化传统的书。经书当然是其中重要的一部分，史书也一样的重要。盲目的读经不可以提倡，意义模糊的所谓"国学"亦不能餍现代人之望。一系列的古书是我们应该以现代眼光去了解的。

黄山谷说："人不读书，则尘俗生其间，照镜则面目可憎，对人则语言无味。"细味其言，觉得似有道理。事实上，我们所看到的人，确实是面目可憎语言无味的居多。我曾思索，其中因果关系安在？何以不读书便面目可憎语言无味？我想也许是因为读书等于是尚友古人，而且那些古人著书立说必定是一时才俊，与古人游不知不觉受其薰染，终乃收改变气质之功，境界既高，胸襟既广，脸上自然透露出一股清醇爽朗之气，无以名之，名之曰书卷气。同时在谈吐上也自然高远不俗。反过来说，人不读书，则所为何事，大概是陷身于世网尘劳，困厄于名缰利锁，五烧六蔽，苦恼烦心，自然面目可憎，焉能语言有味？

当然，改变气质不一定要靠读书。例如，艺术家就另有一种修为。"伯牙学琴于成连先生，三年不成。成连言吾师方子春今在东海中，能移人情。乃与伯牙偕往，至蓬莱山，留伯牙宿，曰：'子居习之，吾将迎师。'刺船而去，旬时不返。伯牙延望无人，但闻海水顾洞崩拆之声，山林窅冥，群鸟悲号，怆然叹曰：'先生将移我情。'乃援琴而歌，曲成，成连刺船迎之而返。伯牙之琴，遂妙天下。"这一段记载，写音乐家之被自然改变气质，虽然神秘，不是不可理解的。禅宗教外别传，根本不立文字，靠了顿悟即能明心见性。这究竟是生有异禀的人之超绝的成就。以我们一般人而言，最简便的修养方法还是读书。

书，本身就有情趣，可爱。大大小小形形色色的书，立在架上，放在案头，摆在枕边，无往而不宜。好的版本尤其可喜。我对线装书有一分偏爱。吴稚晖先生曾主张把线装书一律丢在茅厕坑里，这偏激之言令人听了不大舒服。如果一定要丢在茅厕坑里，我丢洋装书，舍不得丢线装书。可惜现在线装书很少见了，就像穿长袍的人一样的希罕。

几十年前我搜求杜诗版本，看到古逸丛书影印宋版蔡孟弼《草堂诗笺》，真是爱玩不忍释手，想见原本之版面大，刻字精，其纸张墨色亦均属上选。在校勘上笺注上此书不见得有多少价值，可是这部书本身确是无上的艺术品。

论读经

□ 沈从文

上年来各方面常常可以听到"恢复固有道德"这句话。说及恢复固有道德时,就使人联想起"读经问题",两样东西原来是混在一块分不开的。广东湖南的军事领袖,据说对于这件事就特别热心。且闻从今年起,两个省份凡属学校,不问学生大小,皆一律实行读经。人若不是个傻子同疯子,必会明白,徒然提倡读经,对于中国当前或以后一系列严重问题毫无补益。如今居然有人提倡,有地方实行,可算得是很稀奇事情。把提倡读经的原因追究一下,我们便可以知道读经空气越来越浓厚,不外乎一二在军人幕中挥鹅毛扇的高等师爷,稍稍读了点旧书,各在那里做梦,梦想用"儒术"来治国平天下。他们有了说话机会时,因此就怂恿当局,谄媚当局,旧事重提,试用试用儒术。领袖们呢,自己或者是个秀才出身,也读过几本旧书,自然容易迷信儒术;或者本人一字不识,正因为一字不识,便相信这些军师的愚妄意见,以为目前的天下国家,即或不能由读经弄好,至少社会秩序还可望从这条妙计上恢复安定。于是读经事件由提倡进于实行,"读经"真成为一个"问题"了。

这问题的提出,可以说是这些迷信儒术的文人武人,妄想巩固个人的地盘、饭碗与权力所作的一种极荒唐打算。就算这些军师这些大帅也希望中国比目前稍好一点,动机是"为国为民",但他们的知识,只许可他们知道中国有几部经书,中国有这种政术,因此拿来应用,方法可并不高明。

读经既牵连所谓恢复固有的道德,道德是什么?不过是人与人共同活下来时,谋和平安全,减少一点纠纷,使人与人更容易相处的一种东西罢了。道德就个人言代表理性,重在节制与牺牲(它对个人虽为牺牲,对社会人类则为利益)。它同法律性质稍稍不同,但用处却与法律相似。法律注重在使人不敢作恶,道德却能使人乐于向善。道德即由于人与人的关系而产生,因此多数的道德无固定性,常随人类需要立一个标准,它的价值也就在那并无绝对固定性上面。它能控制人类行为,却仍然由人类行为支持它。人类自然不能缺少道德,但道德也同法律政治一样,有些本质不变,形式则常常得变动。有些此一时需要,稍过一时又毫无存在的价值。积极提倡道德的有两种人:一为政体统治者的帝王,一为思想统治者的宗教家。对道德取抗议态度的有三种人:一为有见识的思想家,二为诗人,三为革命者。前两种人照例拥护固有道德,后三种人却常常否认道德,修正道德,或创造一新道德和旧的相对抗。想要运用道德来治国平天下,并不是一件可笑的事情,但至少得先明白它的变动性。一个有头脑明战术的现代军人,他训练士兵时,决不会要士兵抛下机关枪,来学习拉弓射箭。一个有头脑懂政术的政治家,他真会为民族打算,也就决不至于再迷信两千年前几本书籍所提到的做人做事方法可以救国!道德本身只是一堆名词,抽象而不具体,用到人事上时,还得把它很艺术的混和在一种形式里,要提倡"礼",与其教人读一点钟的经书,不如要他们好好的列一次队,把学校规矩弄好,秩序弄好,礼就来了。要提倡"义",若能把读经一点钟时间,换作爬山下水去救一个人,也似乎比较实在一些。其余所有经书上的道德字眼儿,无一不必需艺术的转到另一件事情上去,方能发生效果。若不明白这一点,却只抬出经书来,想从读经上做天下一统的梦,那与张宗昌当年翻刻经书,不过是五十步百步之比。纵将来经书流遍天下,每人皆熟读成诵,对国家本身的上下贫穷与遍地毒物,能救济不能救济?对国外的飞机、大炮、洋货、牧师,能抵抗不能抵抗?

目前一些提倡读经拥护读经的人，除了军人还有不少名流大官。这些人自己是不是当真把经书好好地读进一遍，说起来就不免使人疑惑。若果每一个人真能平心静气，来把《诗》、《书》、《易》、《礼》、《春秋》精读一遍，再想想目前中国是什么样一种可怕情形，就会了然上古典籍不能应付当前事实，或许再也不忍心随声附和，让烟鬼的子孙还来用经书毒害一次了。

　　退一步说，当政者倘若有人读过经书，而且得到经书的益处，做人有大儒风度，做事具儒家精神，个人的确相信经书是一种宝贝，一副良药，且相信令人读经真算得是一种救国政策，那么，当前应该读经的，实为下面几种人：

　　一、国民政府大小官吏；

　　二、国民党各级党员；

　　三、国内各种军人。

　　因为这些人正是当前社会国家的直接负责者，政治不良这些人必需负责。希望国家转好些，也就得先把这些人弄好。广东、湖南政府有提倡读经的决心同勇气，最先就不妨用它来甄别官吏，奖惩党员，升降军人。如今上述三种人不闻有读经消息，却把它派给小学生，对子弟辈如此关切，对当前事如此马虎，使人觉得不易理解。

　　若说小学生即将来的民族中坚分子，也即是将来在这块土地上应付多灾多难命运的公民，要他们读经，为的是替他们将来设想。我们明白如今年龄八岁到十二岁的小国民，当他们二十来岁时，必然遭遇下面几种严重问题待他们解决：

　　一、中国经济破产以后的穷困；

　　二、中国因国际大战所受的蹂躏以及战事结果中国所受的宰割；

　　三、中国因二十年来毒物流行所产生的结果。

　　若欲训练他们的身心，使他们将来长大时能应付这种困难局面，担负下这种沉重责任，目前最切要的工作，岂是读几本经书所能收效？目前湘粤负责者假如真肯为他们青年人设想，与其勒迫他们读经，不如在最近的将来，呈请中央，把全国学龄儿童来一个五年计划，施以强迫教育，输入几个最基本的道德观念：

一、吃大烟的极不道德，爱国家用国货的极道德；

二、强健勇敢的极道德，懦弱懒惰的极不道德；

三、做人正直、坚忍、结实的极道德，遇事悲观不振作的极不道德；

四、迷信鬼神的极不道德，对科学有兴味的极道德。

一面用社会生活来培养这些道德观念，一面用法律来辅助教育所不及，务必使每个青年人具有一种新国民的性格，即当大难来临时，各自还有活下去的勇气与能力。且使他们在无论何等境遇下，皆不至于如现在负责者那么徒然迷恋过去，疏忽当前，使他们在无论何种情形下，又总不放弃公民的权利同义务。换言之，便是他们还想活，还预备好好的来活！五年计划完成了，再来一个五年计划看看。要这样子，方算得真为他们设想！

1935年1月7日

谈读书

□ 钟敬文

我是七岁那年上学的,那时候头上还留着一条小辫子,读的自然是《三字经》和《论语》、《孟子》之类。先生整天板着面孔。书的内容已经引不起兴趣,而教法又是那样古老——只有点书、背书,却没有讲解。老实说,在那些时候,读书简直就是一种苦刑。即便是在三十多年后的今天回想起来,还不免要皱眉头呢。

我对于书籍开始感到兴趣,是从蒙馆转到区镇小学之后。那时候的小学,尽管说是一种新式教育,实际上旧的气味还相当浓厚。教的自然是国文、算术、格致、图画、体操等功课。但做起文章来,往往还是议论之类,课外读的书也是那些《古文析义》、《古文辞类纂》、《纲鉴易知录》等。这些总算稍稍引起我的兴味了,而更加有引诱力的是那种读诗和作诗的空气。这自然不是在课程内的,可是,由于旧日读书界风气多少还遗留着,而所谓教员也多半是秀才或者进过旧日试场的,因此学校里一些高年班的同学——他们的年纪有的已经二十以上,在正式功课之外多少不免哼几首或者来几句。有时候,抓到一个题目,你唱我和,闹得"不亦乐乎"。我年纪尽管小,兴致却不比他们弱。因此,就拼命搜读着诗集和诗话(《随园诗话》,是那时候读得最熟的一部,差不多能够随便背出那里面自己喜欢的许多诗句)。这在我后来的生活上差不多成了一种支配的兴趣。尽管在做着什么工作,如果有点闲工夫看看书,总是拿起一本诗集或诗论的东西来。读起这方面的作品,在心理上不单单是最少抵抗力的,而且是最容易感觉快乐的。这种情形,恐怕要维持到我活着的最后那一天。

可是，由于社会情势的不同，由于个人经历和心情的变迁，过去在这方面所读的书，前后自然有很大的不同，从古近体诗到小令散曲，从白居易、苏东坡、陈简斋到惠特曼、卡彭脱、马雅科夫斯基，从《石林诗话》、《说诗晬语》到亚里士多德的《诗学》、波阿罗的《诗的艺术》、会田毅的《转型期的诗论》……真是五光十色。可是寻找起来，也并不是没有一点线索，因为一个人到底是他所生息其中的社会的孩子。他的阅读思考和一切行动，都不能够不受它的制约，而社会本身又是有着严明的规律的。

我的读书，主要是凭个人的兴趣和暗中摸索，因此不免有许多地方是走了冤枉路的。

最初耽爱的是文学方面、历史一类的书籍，也曾打动过我少年时期的心情，可是到底敌不过诗歌、散文和小说等的吸引力量。出了小学堂，我曾经有一整年时间，躲在光线暗弱的楼棚角诵读着《唐宋诗醇》、《国朝六家诗钞》和《八家四六文选》等。

进了中学校我的兴趣却稍稍转变了，尽管书案上还放着《禅月集》《渔洋精华录》，可是更迷惑我的，却是赫克尔的《宇宙之谜》（"一元哲学"）、克鲁泡特金的《互助论》和罗素的《哲学问题》等。往后有一个相当长的时期，我的诵读的主要对象是神话学、民俗学、土俗志、人类学和宗教学等。在这方面，我杂读了欧美和日本的好些名著。这个时期，我的阅读，多少是有意识的，因为我妄想在民俗学和民间文艺学方面建立自己的学绩。

自从日本侵略的铁骑闯进国门以后，辛辛苦苦搜集的许多图书、资料丢散了，生活的安定失去了。因为战斗情绪的昂扬，我暂时走出了书斋，去做谈政治、写宣言的工作。可是"英雄梦不许诗人做"，书呆子到底只合回到书斋去。因为过去那种学问上的野心，一时挨战火烧毁了，而教的又总是文艺方面的功课，这时候，我重新细心地研读起《文心雕龙》、《艺术哲学》、《拉奥孔》、《从社会学观点看的艺术》、《科学的艺术论》等。身边尽管还带着吕淮·布鲁的《原始人心理的机能》一类的名著，可是已经很少打开来读了。

粗粗地回顾一下，我过去诵读书籍的杂乱就很明白了。我为什么不能够专心些呢？假如我一向就把精力集中在文艺理论或文学作品上，现在不是该有比较满意的一点成就么？这是我近年有时候要在心上浮起的感叹。可是认真想起来，过去的杂乱诵读也不是完全白费金钱和脑力的。比如我现在对于文学的起源、文学的功利性以及民众创作力等的认识，能够比较深入一些，这多少就靠了过去对于原始艺术和民间文艺多用了一点工夫。那些民俗学、人类学和土俗志的名著并不是白读。如果当年不诵读那些书籍，也许在别的点上可能比较有些心得，可是在这方面却未必有现在的收获了。幸和不幸，往往是互相倚伏的。

现在一般谈到读书方法的人，大都主张要有计划。比如一说，某些入门书应该先读，某些比较深沉的著作应该放在后面。某些书是一定要读的，某些则可以不读，或者根本不该提到它。我们读书正像造房子或缝衣服一样，要有一定的选择和工作的程序。这种说法自然很有道理，能够照着做去，成绩也许会很显著。可是，就我个人的经验说，却不是这样循规蹈矩的。我已经提过，我的读书趋向并不是很固定的。在这个时期这类的书是我的女皇。在另一个时期里，她可能已经变成弃儿，而另一类的东西完全代替了她的地位。和这相像，我的诵读某一类书也并不是怎样严密计划过的。有时候我的心意忽然整饬起来，要给自己的诵读一个"理想的"程序。开起书单，规定进展，好像一定会照着实行的样子。可是，结果呢，事实和理想总是差得很远。这自然要怪我的毅力不够，或者客观的条件不凑巧，而我的不规矩的读书法，也没有疑问是有毛病的。

可是，我多少有点怀疑，读书究竟和造房子之类比较机械的工作，在性质上是否"完全"一样？读书是一种偏于心理的活动，它该有它相对的自己的规律。事实上，我们预定要读的，往往倒没有去过眼。那些由于偶然的兴味或者迫于某种特殊需要去读的，却占着很大数目。

在效果上，我们也不能够说后者定不如前者。平心地检查起来，我自己倒是从后者得到许多好处的。例如我因为研究民俗，就自然地读起先史学、考古学和宗教学一类的书来，而这方面的阅读，并不一定是由浅入深，或者非名著不读的。又因为对于涂尔干的《宗教生活的雏形》感到兴趣，就尽量搜读着他的（连到他那一派的）社会学的许多著作。这种"瓜蔓式"的读书法，也许有不少浪费或危险，可是，我们也不能够太看轻它的自然性和可能的益处。我决不反对有计划的阅读，只认为它不一定是唯一的道路。许多在学问上有成就的人，恐怕未必只是从那条路上走过来的。

现在是一个匆忙的时代。事情是那么繁复，生活是那么紧张。从前白头专一经的情形，已经和我们的时代太不合拍了！我们生在讲效率的时代、生在争速率的时代。今天我们要有十倍于孔子时代读书人的知识，而且我们还得吸收得分外敏捷些。据说，美国的大学生，在一个假期里教授往往指定了许多书要他们阅读。那些书的分量，在过去时代的读书人，也许是足足可以读一辈子的。现在，不但阅读范围推广了，读书的技术也大大进步，好像用"卡片摘记"的方法就是一种。这种方法，可以备忘和便于应用，是一般人所看重的。我自己自然是个时代的孩子。我泛滥地读许多性质不同的东西。记得有个时期，我整天关在那座九层楼的图书馆里，常常从第一层的"书目"之类钻到第九层的"娱乐"之类的书仓，活像一只谷仓的耗子。本来也许是想去检读某一本书的，但是结果却迷失在书的大海里了。

这种情形，多少说出了我的"滥读"。可是在另一面，我却是坚持"精读主义"的。"如果我跟别人读得那么多，我就跟别人一样知道那么少了。"这句英国名学者的话，好像永远壮着我的胆。（虽然我在没有读到它的时候，早就是一个精读主义者了）。有一部诗选，我差不多从小学时代读起，直到现在还时常放在枕头边或旅行的手提箧里。又像罗曼·罗兰的《托尔斯泰传》、法朗士的《易匹鸠尔之园》、普列汉诺夫的《艺术与社会生活》和高尔基的《回忆记》等，都是反复读到十次以上，而且有的还要继续反复下去的。小泉八云曾经劝日本学生说，当你想买一部新书的时候，你还是去把已读过的名著重新读一回罢。我爱买新书，可是我更加喜欢旧书。许多人不肯再读已经读过的好书，这大概由于贪多爱新，或者不深懂得书味和它的真正益处。诵读已经读过的好书，正像和老朋友晤谈，那种味道决不能够是从新交那里得来的。而且从效果上说，对我们的人生修养和学艺精进最有帮助的，正是那平日读得烂熟的少数书本。要使书籍中的道理和文词，和我们深切联结起来，或者简直成了我们自己的血肉，那些随手翻翻或只映眼一过的书怎么办得到呢？那些潦草地零碎地摘下来的东西怎么办得到呢？因此，我常常要劝青年朋友熟读一些自己所喜欢的名著，这是他将来学问的一个重要泉源。泛泛之交满天下的人，往往是不容易得到一些真实友谊的援助的。也正因此，我对于现代一般流行的多读法和卡片主义，多少抱着批判的态度。"留意那一本书的人"，这是何等古老而又何等深湛的一句警语啊！……

约写于40年代前期

书

□朱 湘

　　拿起一本书来，先不必研究它的内容，只是它的外形，就已经很够我们赏鉴的了。

　　那眼睛看来最舒服的黄色毛边纸，单是纸色已经在我们的心目中引起一种幻觉，令我们以为这书是一个逃免了时间之摧残的遗民。他所以能幸免而来与我们相见的这段历史的本身，就已经是一本书，值得我们思索、感叹，更不须提起它的内含的真或美了。

　　还有那一个个正方的形状，美丽的单字，每个字的构成，都是一首诗；每个字的沿革，都是一部历史。飙是三条狗的风：在秋高草枯的旷野上，天上是一片青，地上是一片赭，中疾的猎犬风一般快地驰过，嗅着受伤之兽在草中滴下的血腥，顺了方向追去，听到枯草飒索的响，有如秋风卷过去一般。昏是婚的古字：在太阳下了山，对面不见人的时候，有一群人骑着马，擎着红光闪闪的火把，悄悄向一个人家走近。等到了竹篱柴门之旁的时候，在狗吠声中，趁着门还未闭，一声喊齐拥而入，让新郎从打麦场上挟起惊呼的新娘打马而回。同来的人则抵挡着新娘的父兄，作个不打不成交的亲家。

　　印书的字体有许多种：宋体挺秀有如柳字，麻沙体夭矫有如欧字，书法体娟秀有如褚字，楷体端方有如颜字。楷体是最常见的了。这里面又分出许多不同的种类：一种是通行的正方体；还有一种是窄长的楷体，棱角最显；一种是扁短的楷体，浑厚颇有古风。还有写的书：或全体楷体，或半楷体，它们不单看来有一种密切的感觉，并且有时有古代的写本,很足以考证今本的印误,以及文字的假借。

如果在你面前的是一本旧书,则开章第一篇你便将看见许多硃色的印章,有的是雅号,有的是姓名。在这些姓名别号之中,你说不定可以发见古代的收藏家或是名倾一世的文人,那时候你便可以让幻想驰骋于这硃红的方场之中,构成许多飘渺的空中楼阁来。还有那些硃圈,有的圈得豪放,有的圈得森严,你可以就它们的姿态,以及它们的位置,悬想出读这本书的人是一个少年,还是老人;是一个放荡不羁的才子,还是老成持重的儒者。你也能借此揣摩出这主人翁的命运:他的书何以流散到了人间?是子孙不肖,将他舍弃了?是遭兵逃反,被一班庸奴偷窃出了他的藏书楼?还是运气不好,家道中衰,自己将它售卖了,来填偿债务,或是支持家庭?书的旧主人是这样。我呢?我这书的今主人呢?他当时对着雕花的端砚,拿起新发的硃笔,在清淡的炉香气息中,圈点这本他心爱的书,那时候,他是决想不到这本书的未来命运。他自己的未来命运,是个怎样的结局;正如这现在读着这本书的我,不能知道我未来的命运将要如何一般。

更进一层,让我们来想象那作书人的命运:他的悲哀,他的失望,无一不自然地流露在这本书的字里行间。让我们读的时候,时而跟着他啼,时而为他扼腕叹息。要是不幸上再加上不幸,遇到秦始皇或是董卓,将他一生心血呕成的文章,一把火烧为乌有,或是像《金瓶梅》《红楼梦》《水浒》一般命运,被浅见者标作禁书,那更是多么可惜的事情呵!

天下事真是不如意的多。不讲别的,只说书这件东西,它是再与世无争也没有的了,也都要受这种厄运的摧残。至于那琉璃一般脆弱的美人,白鹤一般兀傲的文士,他们的遭忌更是不言可喻了。试想含意未伸的文人,他们在不得意时,有的樵采,有的放牛,不仅无异于庸人,并且备受家人或主子的轻蔑与凌辱;然而他们天生的性格倔强,世俗越对他白眼,他却越有精神。他们有的把柴挑在背后,拿书在手里读;有的骑在牛背上,将书挂在牛角上读;有的在蚊声如雷的夏夜,囊了萤照着书读；有的在寒风冻指的冬夜，拿了书映着雪读。然而时光是不等人的，等到他们学问已成的时候，眼光是早已花了，头发是早已白了，只是在他们的头额上新添加了一些深而长的皱纹。

咳！不如趁着眼睛还清朗，鬓发尚未成霜，多读一读"人生"这本书罢！

读书学习的零星感想

□ 臧克家

要我谈谈"治学经验",我感到惶恐,所以久久没有动笔。论年纪,我已七十七岁了;谈学问,不但离"升堂"还十分遥远,说句真心话,连门径还没摸清楚呢!

我1934年大学毕业,读的中文系,系主任是闻一多先生,名师有游国恩、张怡荪、闻在宥、丁山、肖涤非……诸位先生,都是学术界有成就的学者,而我却没有从他们那里学到什么东西。当然,也不是说毫无所得,意思是说我没有走研究这条路子,而把精力全灌注到文艺创作中去了。

上了年纪,觉得心里空虚,别人以为我什么都懂,其实是无知或知之甚少。为了填补过去的空虚,二三十年来除了从事写作,把时间大半用到读书上。我有一些藏书,不到一万册。我读书不是为了研究,不集中在一个目标上:读的很杂,但连个"杂家"也说不上。茅盾先生在给我的一封信上说,他青年时代如饥似渴地读线装书,灯下一连读三小时,把眼睛都弄出了毛病,想成一个杂家。老来自叹,虚度年华,一事无成。茅盾先生十分谦逊,但我觉得这番话决非客套。何况我这个连给茅盾先生做学生还不一定及格的人!

我读的书,范围广泛;什么经啊,史啊,集啊,都想摸一摸,还热心读一些报刊上的讨论文章。我想从各方面找一点常识,和专家朋友们谈起来可以插上嘴。学海无涯,古人终生不能穷一经,当代我认识的许多专家朋友都是把几十年的时间、精力集中在一点上,才能作出成绩，承前启后。我哪能比？因为我是以创作为主，以读书为副。当然，创作与读书有着密切的关系。杜甫不是说吗："读书破万卷，下笔如有神。"

学术部类繁多，一个人能力再大，天才再高，也不可能样样都精，成为多方面的专家。从研究角度上讲，应当选定一门，全力以赴。但选定一门，又必须懂得多门，博中求精，多而专一。学问虽然门路很宽广，但彼此都有牵连，即使科学与文艺，也决非别如天渊。所以，王国维谈研究学问的三种境界，确系有价值的经验之谈。

毛主席说：人是要有一点精神的。无论干什么工作，全凭着一点锲而不舍的精神，拼命追求的劲头。读书，研究学问，从事文艺创作，都少不了这点精神和干劲，否则就无所成，或不能大成。古往今来作出重大贡献的科学家、学者、文学家，几乎无一例外。当他们从事工作的时候，潭思凝神，屏弃一切，甚至废寝忘餐，如傻似痴。这样的例子实在太多。举一可能漏万。

我喜欢看书，但既无系统，又不专注。看书为了增加一点知识，不是为了研究。我看的书，为数极少，偏重文艺，特别是古典文艺作品，不论散文、小说、诗词，都想涉猎，特别对于后者兴趣尤浓。我的日用的几架书柜里装的全是这类东西。我枕头一边，堆得高高的，也全是古典诗词和诗论之类。

我读古人书，但并不下大工夫作研究工作，大有读书不求甚解之意。读的时候，浓圈密点，旁注，十分认真，一句一字也不放过；以求吃尽其中味，对作者的感情、思想、所处时代环境以及艺术表现特点，都要求大体了解。当然，每个人都有自己偏爱的作家。我个人对古代诗人，偏爱杜甫、苏东坡。可是，对他们的作品并不盲目称颂。有的我为之击节，万遍常新；有的则以为平常，并不令我佩服，不论多伟大的作家，也并非字字玑珠。

我们读古书，尊敬古人，但不应迷信古人。应该心中有个自己的评价标准，拿它去衡量一切作品。当然，这个标准的树立是不容易的，这需要多种条件。这与个人的人生观、文艺观是分不开的。读书与生活经验也大有关系。

人云亦云，拾人牙慧，像叫花子讨求残羹冷炙一样，毫无意义而且是应该羞愧的。论古人，评今人，要有创见，这就得有修养。

我自己，把五十余年的精力，放在文艺创作上去了，对于学术，有兴趣而缺乏知识，根本谈不到什么研究，更个用说成绩了。

虽然如此，一点点甘苦经验还是有的。

我读书，只是欣赏。但有时也运用思考，有一星半点个人看法和想法，这或许可说"读书得间"。我也常常将这一得之见，质诸专家朋友，供他们参考。

我欣赏东西，特别是诗词之类，全凭两点，一点是长期的生活经验，另一点是五十多年的创作实践。用这两点去体会，去印证。

这两点，看似平常，得来却不易。我也写点有关古文、古诗之类的随笔文章，也对当代文艺创作抒发点个人的感想；本钱就是凭这两点。

当然，书本知识，虽然甚少，到底还有一星半点。

给我出了《治学经验一席谈》这个题目，好似一顶大帽子，在我的头上乱晃荡，草草千余言，离"治学"十万八千里。

1981 年 12 月 6 日

我和书

□ 季羡林

古今中外都有一些爱书如命的人。我愿意加入这一行列。

书能给人以知识,给人以智慧,给人以快乐,给人以希望,但也能给人带来麻烦,带来灾难。在"大革文化命"的年代里,我就以收藏封资修大洋古书籍的罪名挨过批斗。1976年地震的时候,也有人警告我,我坐拥书城,夜里万一有什么情况,书城将会封锁我的出路。

批斗对我已成过眼云烟,那种万一的情况也没有发生,我"死不改悔",爱书如故,至今藏书已经发展到填满了几间房子。除自己购买以外,赠送的书籍越来越多。我究竟有多少书,自己也说不清楚。比较起来,大概是相当多的。搞抗震加固的一位工人师傅就曾多次对我说:这样多的书,他过去没有见过。学校领导对我额外加以照顾,我如今已经有了几间真正的书窝,那种卧室、书斋、会客室三位一体的情况,那种"初极狭,才通人"的桃花源的情况,已经成为历史陈迹了。

有的年轻人看到我的书,瞪大了吃惊的眼睛问我:"这些书你都看过吗?"我坦白承认,我只看过极少极少的一点。"那么,你要这么多书干嘛呢?"这确实是难以回答的问题。我没有研究过藏书心理学,三言两语,我说不清楚。我相信,古今中外爱书如命者也不一定都能说清楚。即使说出原因来,恐怕也是五花八门的吧。

真正进行科学研究,我自己的书是远远不够的。也许我搞的这一行有点怪。我还没有发现全国任何图书馆能满足,哪怕是最低限度地满足我的需要。有的题目有时候由于缺书，进行不下去，只好让它搁浅。我抽屉里面就积压着不少这样的搁浅的稿子，我有时候对朋友们开玩笑说："搞我们这一行，要想有一个满意的图书室简直比搞四化还要难。全国国民收入翻两番的时候，我们也未必真能翻身。"这决非耸人听闻之谈，事实正是这样。同我搞的这一行有类似困难的，全国还有不少。这都怪我们过去底子太薄，解放后虽然做了不少工作，但是一时积重难返。我现在只有寄希望于未来，发呼吁于同行。我们大家共同努力，日积月累，将来总有一天会彻底改变目前情况的。古人说："前人种树，后人乘凉。"让我们大家都来当种树人吧。

1985 年 7 月 8 日晨

藏书与读书

□ 季羡林

有一个平凡的真理,直到耄耋之年,我才顿悟:中国是世界上最喜藏书和读书的国家。

什么叫书?我没有能力,也不愿意去下定义。我们姑且从孔老夫子谈起吧。他老人家读《易》,至于韦编三绝,可见用力之勤。当时还没有纸,文章是用漆写在竹简上面的,竹简用皮条拴起来,就成了书。翻起来很不方便,读起来也有困难。我国古时有一句话,叫做"学富五车",说一个人肚子里有五车书,可见学问之大。这指的是用纸作成的书,如果是竹简,则五车也装不了多少部书。

后来发明了纸。这一来写书方便多了;但是还没有发明印刷术,藏书和读书都要用手抄,这当然也不容易。如果一个人抄的话,一辈子也抄不了多少书。可是这丝毫也阻挡不住藏书和读书者的热情。我们古籍中不知有多少藏书和读书的故事,也可以叫做佳话。我们浩如烟海的古籍,以及古籍中寄托的文化之所以能够流传下来,历千年而不衰,我们不能不感谢这些爱藏书和读书的先民。

后来我们又发明了印刷术。有了纸,又能印刷,书籍流传方便多了。从这时起,古籍中关于藏书和读书的佳话,更多了起来。宋版、元版、明版的书籍被视为珍品。历代都有一些藏书家,什么绛云楼、天一阁、铁琴铜剑楼、海源阁等等,说也说不完。有的已经消失,有的至今仍在,为我们新社会的建设服务。我们不能不感激这些藏书的祖先。

至于专门读书的人,历代记载更多。也还有一些关于读书的佳话,什么囊萤映雪之类。有人做过试验，无论萤和雪都不能亮到让人能读书的程度，然而在这一则佳话中所蕴含的鼓励人读书的热情则是大家都能感觉到的。还有一些鼓励人读书的话和描绘读书乐趣的诗句。"书中自有颜如玉"之类的话，是大家都熟悉的，说这种话的人的"活思想"是非常不高明的，不会得到大多数人的赞赏。关于"四时读书乐"一类的诗，也是大家所熟悉的。可惜我童而习之，至今老朽昏聩，只记住了一句："绿满窗前草不除"，这样的读书情趣也是颇能令人向往的。此外如"红袖添香夜读书"之类的读书情趣，代表另一种趣味。据鲁迅先生说，连大学问家刘半农也向往，可见确有动人之处了。"雪夜闭门读禁书"代表的情趣又自不同，又是"雪夜"，又是"禁书"，不是也颇有人向往吗？

这样藏书和读书的风气，其他国家不能说一点没有；但是据浅见所及，实在是远远不能同我国相比。因此我才悟出了"中国是世界上最爱藏书和读书的国家"这一条简明而意义深远的真理。中国古代光辉灿烂的文化有极大一部分是通过书籍传流下来的。到了今天，我们全体炎黄子孙如何对待这个问题。实际上是每个人都回避不掉的。我们必须认真继承这个世界上比较突出的优秀传统，要读书，读好书。只有这样，我们才能上无愧于先民，下造福于子孙万代。

1991 年 7 月 5 日

漫话读书

□ 冯亦代

或有问我是怎样读书的，容我慢慢道来。

起初我一个时候只能读一本书，特别是读理论书。但长时间只读一本书，不免觉得厌气，只能放下书来不读，去做一些别的事情，等到重又拿起书时，总觉得有难以为继的迷茫。在读文学作品时，尤其是看长篇小说，读着读着就读到书里去了，甚至废寝忘食，欲罢不能。这样又走到了另一极端。

后来我偶然读到一篇美国大文豪海明威的访问记，他读书是同时读几本的，以后又见到当代美国作家诺曼，梅勒的访问记，他也同时读几本书。我当时颇以为奇，心想一个人怎么能那么快速改变他的思绪呢。1980年我去美国访问，在一次招待酒会上遇到梅勒，便抓着这个题目向他请教。他说这习惯可以有意识地养成，久而久之，便成了习惯；他起初时只是个偶然的行动。有一天他正在书斋里津津有味地读一本书，忽然邮件送来了，其中有一本作者送给他的书，他便放下原来在读的书，而把刚寄来的新书翻了开来，这样便读了下去，脑里并不觉得有任何干扰，而且那种因久读一书所生的倦怠，也因接触了新的内容、消散殆尽；他感到忽然发现了一个新大陆。以后一本书看得厌烦，就另拿起一本，从同时读两本书，一直到同时读六本书。每换一本，就有新的感觉，而那种读一书的陈旧感也一扫而空。他发现以新的心情吸收新的内容，不但不会打乱他的思绪，而且反而增加脑子吸收新刺激的效力。我听了他的话，回到旅舍，便有意识地加以试验，以后也就养成了习惯，但只能以同时看三本书为限，多了还是不成，而且理论书也不能两本同时读，否则思绪便搅成一锅粥。

古人每以一目十行称许饱学之士，过去我总以为是夸张，但试试也成。你把那些文章中的虚词形容词都去掉，十行也就剩不多几个字，再加以融会贯通，一目十行也是做得到的。但是我觉得要精读就不成了，精读需要下死功夫。一本书如果先读目录，把内容大致理一理，再读时便可省却许多时间，否则一时读几本要精读细读的书，我的经验是行不通的。可惜当时我没有问梅勒的经验如何。

这种一时读几本书的事，适合于时间不够的人。如果时间充足，那就无须这样赶读了。但作为读书时的休息，一时读几本，倒有极大的帮助。因为可以使脑子得到新的刺激而忘掉疲倦，也可以说这是心理上的一种移情作用，是不是的确如此，我非心理学家，不能妄作主张；但我总觉得一时读几本书完全可能。

现在我老了，已从繁杂的工作中退了下来，要读书有的是时间；正因为年老时间充足，读书便不能无为而治，要读更多的书。书也有涯，而书也无涯。古时读书五车，那时用木简，五车便了不起，如今是二吨半的大卡车，可以装多少书？我看是无法读完的，这就需要抓时间。我们要善于抓时间，一时读几本书便是个办法。

1993 年 10 月 12 日于七重天

书的梦

□ 孙　犁

到市场买东西，也不容易。一要身强体壮，二要心胸宽阔。因为种种原因，我足不入市，已经有很多年了。这当然是因为有人帮忙，去购置那些生活用品。夜晚多梦，在梦里却常常进入市场。在喧嚣拥挤的人群中，我无视一切，直奔那卖书的地方。

远远望去，破旧的书床上好像放着几种旧杂志或旧字帖。顾客稀少，主人态度也很和蔼。但到那里定睛一看，却往往令人失望，毫无所得。

按照弗洛伊德的学说，这种梦镜，实际上是幼年或青年时代，残存在大脑皮质上的一种印象的再现。

是的，我梦到的常常是农村的集市景象：在小镇的长街上，有很多卖农具的，卖吃食的，其中偶尔有卖旧书的摊贩。或者，在杂乱放在地下的旧货中间，有几本旧书，它们对我最富有诱惑的力量。

这是因为，在童年时代，常常在集市或庙会上，去光顾那些出售小书的摊贩。他们出卖各种石印的小说、唱本。有时，在戏台附近，还会遇到陈列在地下的，可以白白拿走的，宣传耶稣教义的各种圣徒的小传。

在保定上学的时候，天华市场有两家小书铺，出卖一些新书。在大街上，有一种当时叫做"一折八扣"的廉价书，那是新旧内容的书都有的，印刷当然很劣。

有一回，在紫河套的地摊上，买到一部姚鼎编的《古文辞类纂》，是商务印书馆的铅印大字本，花了一元大洋。这在我是破天荒的慷慨之举，又买了二尺花布，拿到一家裱画铺去做了一个书套。但保定大街上，就有商务印书馆的分馆，到里面买一部这种新书，所费也不过如此，才知道上了当。

后来又在紫河套买了一本大字的夏曾佑撰写的《中国历史教科书》（就是后来的《中国古代史》），也是商务排印的大字本，共两册。

最后一次逛紫河套，是1953年。我路过保定，远千里同志陪我到"马号"吃了一顿童年时爱吃的小馆，又看了"列国"古迹，然后到紫河套。在一家收旧纸的店铺里，远买了一部石印的《李太白集》。这部书，在远去世后，我在他的夫人于雁军同志那里还看见过。

中学毕业以后，我在北平流浪着。后来，在北平市政府当了一名书记。这个书记，是当时公务人员中最低的职位，专事抄写，是一种雇员，随时可以解职的，每月有二十元薪金。在那里，我第一次见到了旧官场、旧衙门的景象。那地方倒很好；后门正好对着北平图书馆；我正在青年，富于幻想，很不习惯这种职业。我常常到图书馆去看书。到北新桥、西单商场、西四牌楼、宣武门外去逛旧书摊。那时买书，是节衣缩食，所购完全是革命的书，我记得买到六期《文学月报》，五期《北斗》杂志，还有其他一些革命文艺期刊，如《奔流》、《萌芽》、《拓荒者》、《世界文化》等，有时就带上这些刊物去"上衙门"。我住在石驸马大街附近，东太平街天仙庵公寓。那里的一位老工友，见我出门，就如此恭维。好在科里都是一些混饭吃、不读书的人，也没人过问。

我们办公的地方，是在一个小偏院的西房。这个屋子里最高的职位，是一名办事员，姓贺。他的办公桌摆在靠窗的地方，而且也只有他的桌子上有块玻璃板。他的对面也是一位办事员，姓李，好像和市长有些瓜葛，人比较文雅，家就住在府右街，他结婚的时候，我随礼去过。

我的办公桌放在西墙的角落里，其实那只是一张破旧的板桌，根本不是办公用的，桌子上也没有任何文具，只堆放着一些杂物，桌子两旁，放了两条破板凳，我对面坐着一位姓方的青年，是破落户子弟。

他写得一手好字,只是染上了严重的嗜好。整天坐在那里打盹,睡醒了就和我开句玩笑。

那位贺办事员,好像是南方人,一上班嘴里的话是不断的,他装出领袖群伦的模样,对谁也不冷淡。他见我好看小说,就说他认识张恨水的内弟。

很久我没有事干,也没人分配给我工作。同屋有位姓石的山东人,为人诚实,他告诉我,这种情况并不好,等科长来考勤,对我很不利。他比较老于官场,他说,这是因为朝中无人的缘故。我那时不知此中的利害,还是把书本摆在那里看。

我们这个科是管市民建筑的,市民要修房建房,必须请这里的技术员,去丈量地基,绘制蓝图,看有没有侵占房基线,然后在窗口那里领照。

我们科的一位股长,是一个胖子,穿着蓝绸长衫,和下僚谈话的时候,老是把一只手托在长衫的前襟下面,作撩袍端带的姿态。他当然不会和我说话的。

有一次,我写了一个请假条寄给他。我虽然看过《酬世大观》,在中学也读过陈子展的《应用文》,高中时的国文老师,还常常把他替要人们拟的公文,发给我们当作教材,但我终于在应用时把"等因奉此"的程式用错了。听姓石的说,股长曾拿到我们屋里,朗诵取笑。股长有一个干儿,并不在我们屋里上班,却常常到我们屋里瞎串,这是一个典型的京华恶少,政界小人。他也好把一只手托在长衫下面,不过他的长衫,不是绸的,而是蓝布,并且旧了。有一天,他又拿那件事开我的玩笑,激怒了我,我当场把他痛骂一顿,他就满脸陪笑地走了。

当时我血气方刚,正是一语不和拔剑而起的时候,更何况初入社会,就到了这样一处地方,满腹怨气,无处发作,就对他来了。

我是由志成中学的体育教师介绍到那里工作的。他是当时北方的体育明星,娶了一位宦门小姐。他的外兄是工务局的局长。所以说,我官职虽小,来头还算可以,不到一年,这位局长下台,再加上其他原因,我也就"另候任用"了。

我被免职以后,同事们照例是在东来顺吃一次火锅,然后到娱乐场所玩玩。和我一同免职的,还有一位家在北平附近的人,脸上有些麻子,忘记了他的姓。他是做外勤的,他的为人和他的破旧自行车上的装备,给人一种商人小贩的印象,失业对他是沉重的打击。走在街上,他悄悄地对我说:

"孙兄,你是公子哥儿吧,怎么你一点也不在乎呀!"

我没有回答,我想说:我的精神支柱是书本,他当然是不能领会的。其实,精神支柱也不可靠,我所以不在意,是因为这个职位,实在不值得留恋。另外,我只身一人,这里没有家口,实在不行,我还可以回老家喝粥去。

和同事们告别以后,我又一个人去逛西单商场的书摊。渴望已久的、鲁迅先生翻译的《死魂灵》一书,已经陈列在那里了。用同事们带来的最后一次薪金,购置了这本名著,高高兴兴回到公寓去了。

第二天清晨,挟着这本书,出西直门,路经海淀,到离北平有五、六十里路的黑龙潭,去看望在那里山村小学教书的一个朋友。他是我的同乡,又是中学同学。这人为人热情,对于比他年纪小的同乡同学,情谊很深。到他那里,正是深秋时节,黄叶飘落,潭水清冷,我不断想起曹雪芹在这一带著书的情景。住了两天,我又回到了北平。

我在朝阳大学同学处住几天,又到中国大学同学处住几天。后来,感到肚子有些饿,就写了一首诗,投寄《大公报》的《小公园》副刊。内容是:我要离开这个大城市,回到农村去了。因为我看到:在这里,是一部分人正输血给另一部分人!

诗被采用,给了五角钱。

整理了一下,在北平一年所得的新书旧书,不过一柳条箱,就回到农村,去教小学了。

我的书籍,一损失于抗日战争之时,已在别一篇文章中略记,一损失于土地改革之时。

我的家庭成分是富农，按照当时党的政策，凡是有人在外参加革命，在政治上稍有照顾。关于书，是属于经济，还是属于政治，这是不好分的。贫农团以为书是钱买来的，这当然也是属于财产，他们就先后拿去了。其实也不看，当时，我们那里的农民，已普遍从八路军那里学会裁纸卷烟。在乡下，纸张较之布片还难得，他们是拿去卷烟了。

这时，我在饶阳县一个小区参加土改工作。大概是冀中区党委所在之地吧，发了一个通知，要各村贫农团，把斗争果实中的书籍，全部上缴小区，由专人负责清查保存。大概因为我是知识分子吧，我们的小区区长，把这个责任交给了我。

书籍也并不太多，堆在一间屋子的地下，而且多是一些古旧破书，可以用来卷烟的已经不多。我因家庭成分不好，又由于"客里空"问题，正在《冀中导报》受到公开批判，谨小慎微，对这些书籍，丝毫不敢染指，全部上缴县委了。

我的受批判，是因为那一篇《新安游记》。是个黄昏，我从端村到新安城墙附近绕了绕，那里地势很洼，有些雾气，我把大街的方向弄错了。回去仓促写了一篇抗日英雄故事，在《冀中导报》发表了。上改时被作为"客里空"典型。

在家乡工作期间，已经没有购买书籍的机会，携带也不方便。如果能遇到书本的话，只是用打游击的方式，走到哪里，就看到哪里。

但也有时得到书。我在蠡县工作时，有一次在县城大集上，从一个地摊上，买到一本商务印书馆出版的，铅印精装的《西厢记》。我带着看了一程子，后来送给蠡县一位书记了。

《冀中导报》在饶阳大张岗设立了一处造纸厂。他们收买一些旧书，用牲口拉的大碾，轧成纸浆。有一间棚子，堆放着旧书。我那时常到这家纸厂吃住。从棚子里，我捡到一本石印的"王圣教"和一本石印的《书谱》。

在河间工作的时候，每逢集日，在一处小树林里，有推着小车贩

155

卖烂纸书本的。有一次,我从车上买到一部初版的《孽海花》,一直保存着。进城后,送给一位新婚燕尔、出国当参赞的同志了。

1979 年

在阅读中思考

□牛　汉

我这个人生性狂躁，去夏酷热的那几个月，活得十分地烦闷。直到秋凉之后，心才算静下来，能久坐案前，翻看几本常读不厌的好书，又一次激动地读了《梵·高自传》其实本是梵·高写给弟弟的书信，同样激动地读了《弗洛伊德传》，很有些新的感悟。我以为梵·高的书信才是画家真正的心灵自白，似乎比标明为"传"的那本流行甚广的《渴望生活》更符合梵·高的真实品性，仿佛面对面地见到了梵·高的真人。至于弗洛伊德，我从来不敢冒昧地谈论他，只希望能不断地接近他，走进他那个神奇的大梦之中。对童年的描述，我不欣赏弗洛伊德的那种悲凉论调。使我看得心神震颤不安的并不是上述的这两本书，而是另外的两本新近问世的：蒋路的《俄国文史漫笔》（东方出版社1997年出版）和高莽的《画译中的纪念》（九洲图书出版社1997年出版）。这里主要谈这两本书。

蒋路和高莽是我的老朋友，引起我格外的关注是情理中事，我深知这两位学者型的老翻译家为人和为文的真诚而严肃的作风，但这并不能成为写这篇文章的动机还有更为重要的超越个人情谊的感染力，因为这两本书浸透了作者的心血和对人生的感悟。

从来没有平静的历史
——读《俄国文史漫笔》

蒋路不仅是我国著名的翻译家是还是一位学识渊博、作风严谨的学者。近半个世纪来,他翻译了包括屠格涅夫的《回忆录》、车尔尼雪夫斯基的《怎么办》、卢那察尔斯基的《论文学》等在内的许多俄罗斯的经典论著,对于俄罗斯近现代文学史和重要作家,他都研究有素。《俄国文史漫笔》堪称是一本品位很高具有真知灼见的学术著作。作者自谦为"漫笔",其实绝非泛泛而谈,每一篇从题旨到内容都强烈地引起读者心灵的震颤,绝不是一般猎奇性质的趣闻轶事所能达到的,它们显示出一个个深远而庄严的学术境域,既有历史的不朽魅力,又有逼人深思的现实感,而且文笔简约隽永,饱含着真诚的醒人警世的人文精神。

作者在前言中说:"事先没有拟定一个缜密的计划,可也并非随兴走笔,而是着意寻求一些新的选题和切入点,不避舍本逐本之讥,将手头积累的资料和自己的一得之见加以归纳抉剔,敷演成篇。"正是这些新的命题和切入点引起我很大的兴趣。即使是"漫笔",一旦切入历史深层的肌理与内脏,历史就不再是宁静的古老年代和失去光泽的文字。许多刺目的亮点或污点显现了出来,久已湮没的历史的脉搏又重新跳动起来。这难道不使人感到震惊,并且引起某些思考吗?

论定一个作家,即使是重要的有成就的大家,往往也须经历一个漫长曲折的过程,才能得到最终的认定。对普希金的散文创作的评论就曾引起过尖锐的分歧。《别尔金小说集》和《黑桃皇后》,当年(19世纪上半叶)曾得到几个保守文人热烈的颂扬,却遭到许多进步评论家的贬责,很令人困惑不解。别林斯基认为,这两本小说集标志着普希金"创作才力的衰退",尽管他的看法后来有些转变,但仍然认为"不是炉火纯青的佳作"。车尔尼雪夫斯基对这两本书的看法与别林斯基相近,也认为没有多大艺术价值。讽刺作家谢德林同样持否定的态度。皮萨列夫提得更为尖锐,竟然一口否认普希金是"伟大诗人"和"俄国现实主义的奠基者"。设想一下当年一向受人宠爱的普希金,由于这两本小说集竟遭到了如此尖刻的抨击和讽刺,会给他带来多么大的痛苦！真难以想象。当年的俄国文学界的确经历了一番不小的震荡，动荡曲折的历史过去一百多年了，几经人世的沧桑巨变，普希金的散文创作并未因当年文坛几位大家的否定而消亡，如他的诗那样，仍然闪烁着不朽的光芒，得到了全世界普遍的赞赏。还有，冈察洛夫的《奥勃洛莫夫》也遭到类似的命运。令人更惊奇的是，托尔斯泰竟然基本否定屠格涅夫的《前夜》和《父与子》，甚至断定莎士比亚的戏剧是一种"最低下、最庸俗的世界观"，"千篇一律"，"不是艺术品"，真令人难以相信。

面对这些触目惊心、确凿无疑的史实，不能不引起许多的联想和思考。当年的普希金，在俄罗斯的文坛上是一个光辉的形象，受到那么多的可以说是致命的责难，而且批评他的人之中还有他很要好的朋友。现在谁都清楚并不是作品的问题，而是大作家大评论家大大地失去了水准。冷静地思考一下，一部新作问世评价有分歧，这本是正常的现象。评论家和作家各有各的审美观点和偏爱，只要言之成理，不是别有用心，恶意中伤，各种看法都值得作者和读者思考和研究。由于上述的那些文学现象，引起我许多的思索，我甚至觉得十九世纪俄国文坛确实是相当活跃和有生气的，一百多年前在俄国所以出现那么多伟大的作家决不是偶然的。为了一个作家的作品，当年的种种尖锐而又坦率的议论和争辩，不正好说明俄国当时精神领域并不是死气沉沉或满目荒凉的吗？这不能不令人深思，再深思！

《俄国文史漫笔》还切入了其它一些敏感的和重要的历史现象，详细地写到了屠格涅夫的《文学回忆录》、巴纳耶娃及其《回忆录》所涉及的许多内幕，都非常有价值。近二十年来我一直在编辑《新文学史料》，因此给我的启示与警惕是十分深刻的。书里还记述了许多有趣而奇特的文学现象，如俄国作家群中的混血问题和受西欧语文的影响等情况，也都值得细细地品读。

白桦林的深处
——读《画译中的纪念》

谈完《俄国文史漫笔》，接着谈《画译中的纪念》，仿佛跨出了古老而典雅的彼得堡，走进郊野的一片白桦林。

大约半年前，收到高莽寄来的这本书，一看见封面，我真以为是白桦树皮做的呢，摸了又摸，闻了又闻，从书里隐隐地透出淡淡的北国的山野气息。我禁不住快活地喊了一声："高莽，可真有你的！"书的装帧真别致，太美了！五十年代初在齐齐哈尔，我看见过一个年轻人的诗稿，封皮就是用白桦树皮包的，我羡慕不已。

《画译中的纪念》一直摆在我床边的书架上，每次阅读，都有走进深深的白桦林的神秘感。我多年以来，一直把高莽看做诗人，这可能与他早年用乌兰汗的笔名写的《嘎达美林》有关。我一直以为他也是个蒙古人。几十年后，我才知道他不但是个高水平的翻译家，还是一位独具一格的肖像画家，他也为我画过一幅头像，印在我的一本散文集里。说不清原因，我不知为什么仍然在心里把他视为一个真正的诗人，他的文章，他的画里都有浓浓的诗意。看他的画不由地让我想起普希金和莱蒙托夫画的那些充满灵性的人物速写。从高莽的身上显示出朴实、浑厚、外憨内秀的个性，从他的文章和画里，几乎看不出什么技巧，是一种自自然然地从生命中流出的灵性。

高莽自己说，他离休前一直充当着"驯服工具"，从来没挑选过职业，一切听从组织分配。几十年来，他参加过许多重要的国际性文化艺术交流活动，还担任过《世界文学》主编。写到这里，我为他取得的成就而高兴，但还是不禁为他感到有点惋惜。在这几十年里，他显然不可能充分地发挥他的艺术潜能。但话又得说回来，也许正因为他多年来长期固定在文学艺术界的某一岗位，还有相对的属于自己的一小块精神天地。所以从他的画风、文风以及他那憨厚而洒脱的形象和风度看，他没有完全被规范化。他似乎不完全属于哪一界，离休之后，更加活得自在了。

高莽的这本书，多半是在为人画像或充当翻译时所经历的难以忘怀的人和事。他深情地怀念茅盾、田汉和梅兰芳等与苏联知名的艺术家的交往，刻画了这些老一辈大师们的风范和性情。他对一些有形象的场面记得特别清楚，因此一幕幕情景都写得很亲切、实在，真真切切地为历史留下了一些珍贵的片断。前两辑《人与事》、《笔与画》的近三十篇文章，都很有史料价值，值得一读。

然而对我最有兴趣的，还是第三部《读与写》中的篇章，大部分是有关俄罗斯与苏联诗人们的生平轶事和创作活动的文字。

关于沃兹涅先斯基的两篇写得精当而有分量，且充满了作者的思考和激情。读完之后引起我深长的思索。沃兹涅先斯基是本世纪五十年代苏联"响派"诗人的主要代表之一，大声疾呼，抨击时弊，揭露社会上的腐败现象。我懂一点俄文，当年非常喜欢他们的诗。但是对沃兹涅先斯基诗的评价，记得在当时苏联曾有过激烈的争议，尖锐的程度，不下于上世纪对普希金散文创作的抨击，最温和的批评是说他的诗隐晦难懂，扣上一顶"形式主义"的帽子。然而，他的许多诗仍被广大的读者所喜爱，并且谱成歌曲，灌成唱片。沃兹涅先斯基师承帕斯捷尔纳克，帕氏很欣赏他的有明显个性的诗，说："如果这些诗是我写的，我会把这些诗收入我的诗集。"沃兹涅先斯基尽管喜出望外，却认为"这首诗如被视为他人所作，即使再好，又有什么价值？"从此停笔两年，苦苦地寻找自我，直到写出《戈雅》，他才认为这是自己真正的诗。当年"响派"的诗人中，叶夫图申科追求"政治效应"，罗日杰斯特文斯基也主张不能脱离政治，但更强调"时代的气氛"，不像叶夫图申科写得那么直白，而叶夫图申科因此成为社会性的代表人物。沃兹涅先斯基尽管情绪也是高昂的，也有真诚的社会责任感，但他却继承帕斯捷尔纳克的创作技巧，在表达意象时，很讲究联想、含蓄，他从某些生活琐事的阴暗之中，尽力显示出高尚的道德精神，因此他的诗倒更具有真正的现代感。沃兹涅先斯基现象，不由得令我想起八十年代初我国朦胧诗兴起时引起的那一阵争论,还让我不得不联想到近两年我国诗坛上强调政治效果的倾向。从沃兹涅先斯基的诗,我们似乎理解了什么才是真正的"政治诗"。所谓政治效果,在一首诗中应当如何通过真实的意象和丰富的联想才能创造性地显示出来值得我们重视和思考。不能只有"政治",而没有"诗"。我们不妨认真地读读沃兹涅先斯基的《戈雅》这首诗,它只有二十行,却远远胜过几千行的"政治"!

本来"读与写"这一辑里,还有几篇吸引我的好文章,特别是关于莱蒙托夫的那一篇。在这篇文章里,高莽写到了我在四十年代初练习创作时,受到莱蒙托夫一首长诗《童僧》的影响。以后如果有可能,我真想写一篇感念莱蒙托夫的文章。

好书，永远不会过时；过时，也就不是好书
□ 李国文

现在，在商品大潮的冲击下，文学颇有点不景气了。一位个体书商向我诉苦，他搞的几本书砸了。

于是，他感慨，不知道读者现在的胃口，到底想吃什么？武侠的书潮过去了，港台的书潮过去了，隐私内幕。社会热点。倪爷文学、情爱性恋的书潮过去了。他做过挂历生意，原来那些美女，只要穿得越少，就越好卖的。现在，哪怕一丝不挂，哪怕买一送一、送二，也很滞销了。据此，他判断，不会很久，再把镜头瞄准裤裆的书潮大概也要过去了。

无论什么东西，多了，就倒胃口，这大概也是个规律。

其实，在文学生活中，要把这种不景气看作是正常，而把过去那种太景气，看作是不正常，才是正常心态。70年代末，80年代初，文学确实空前繁荣过的，但那是10年文革浩劫，造成一片文化沙漠，人们如饥似渴的反弹。如今国泰民安，海晏河清，大家一心投入市场经济以后，文学不是歌星，不是影星，回到它比较寂寞的位置上，似属理所当然。虽然，有"识"之士采取之种种强刺激，诸如文稿拍卖，竞相兜售，漫天要价，就地还钱；诸如加上方框□□□□，和下删若干若干字之类，刺激读者的性冲动，希望从处于困境的文学中再榨出一点油水。其实，这都是饮鸩止渴，反面更使文学掉价的。

文学总是要生存下去。大概只要有人在地球上活着，文学就会找到自己的读者，只不过是数量多寡的问题。因此，除了那些关在象牙

之塔里自我欣赏的作家外，怎样使作品不是靠性器官。也不是靠吹牛皮，而是靠读者真正的喜闻乐见，促进文学的发展，便是作家努力以赴的事了。

我想，研究读者的消费心理，也许是作家和出版家的重要课题。除非他写东西不想给别人看，否则的话，作家写了书没人看，书店出了书没人买，恐怕是很糟糕的。

我问他，"那你总得做点生意，弄点书卖呀！"

"还不是《红楼梦》、《三国演义》这些，售得慢些，但总能卖得出去！"

我不禁感叹，幸亏我们有老祖宗留下兵马俑，留下金缕玉衣，留下马王堆，也给我们留下了饭辙，还得靠曹雪芹、罗贯中、施耐庵赏饭。

这些名著，我们的上代人读过，我们长大了又接着读，而我们的下代人，上学识字以后，还要读下去的。他们的文学生命力，是永恒的。所以，这些书是读者的常青树，也是出版社的摇钱树。我就听说过，有些出版社实在揭不开锅的时候，就把这些古典文学翻出来重新加印，以济燃眉之急。

虽然有人统计，书价已经涨得不像话了，在物价指数中，是涨幅最高的。但仍有读者，都是些普通的百姓，舍得 10 几元、数 10 元，去买一部《红楼梦》，或者《三国演义》、《水浒传》、《西游记》，说明这些书，具有永恒的魅力。他们买了书，也不是去作学术研究，所以能够津津有味地看下去，主要是看热闹。前面提到的似水书潮，一浪一浪地流过，不是不热闹，但那种热闹，过了也就过了，升温快，降温也快。而这些名著的热闹，不论读书的人，何时何地何种心情，翻开书来，总是看不厌，而且每次读，都能找到新感觉。

这实在值得写作的人深思的。

对大多数看热闹的读者来说，并不怎么关心作品的艺术性、思想性，只是被贯穿在书中的故事、情节、人物、语言所吸引，才看下去的。《三国演义》是一部写帝王将相的书，《红楼梦》是一部写世家贵族的书，书中的世界，和那些普通读者所生活的现实世界，相距甚远。但为什么能够让人手不释卷呢？

应该说，读书是个奇怪的投入过程，在捧着《三国演义》、《红楼梦》的时候，读者就仿佛成了汉朝和清朝的臣民；一旦放下了书，他就退出角色，回到现实中来，但怪就怪在书中人物的影象，无论是古人还是今人，会使读者从他个人的生活阅历，所经所见去寻求对应，不断印证的。于是有愤怒，有激动，有感慨，有快活，这就是文学的力量所在了。至此，无所谓历史，也无所谓现实，所有那些显赫威风的、冠冕堂皇的、甚至是不可一世的、令人诚惶诚恐的人物，平素里，老百姓都得仰起头来看，现在完全在读者的审视之下，变成了与老百姓相同的血肉之躯。而且他们的五脏六腑，还不见得比老百姓高明到哪里去。这就是读书的满足，或者叫作美学享受了。

所以像《三国演义》，像《红楼梦》，能够达到雅俗共赏老少咸宜家喻户晓深入人心的艺术高度，很大程度上是从老百姓的审视角度，是以老百姓的平民心理，反映老百姓的善恶仇爱观点，按老百姓的意愿来写那些帝王将相世家贵族的。

一个作家，按老百姓的欲望，写老百姓愿意读的作品，这就是古典文学给我们的启示了。看起来，曹雪芹也好，罗贯中也好，要比后人更懂得适应读者的消费心理。所以，他们的书，只有潮涨潮落，永远也不会过去的。

这才是真正的不朽。

好读书

□ 贾平凹

好读书就得受穷。心用在书上，便不投机将广东的服装贩到本市来赚个大价，也不取巧在市东买下肉鸡针注了盐水卖到市西；车架后不会带单位几根铁条几块木板回来做沙发，饭盒里也不捎工地上的水泥来家修个浴池。钱就是那几张没奖金的工资，还得抠着买涨了价的新书，那就只好穿不悦人目的衣衫，吸让别人发呛的劣烟，吃大路菜，骑没铃的车。但小屋里有四架五架书，色彩之斑斓远胜过所有电器，读书读得了一点新知，几日不吃肉满口中仍是余香。手上何必戴那么重的金银，金银是矿，手铐也是矿嘛！老婆的脸上何必让涂那么厚的脂粉，狐狸正是太爱惜它的皮毛，世间才有了打猎的职业！都说当今贼多，贼却不偷书，贼便是好贼。他若要来，钥匙在门框上放着，要喝水喝水，要看书看书，抽屉的作家证中是夹有两张国库券。但贼不拿，说不定能送一条字条："你比我还穷！"三百年后这字条还真成了高价文物。其实，说穷也不是穷到要饭，出门还是要带十元钱的，大丈夫嘛，视钱如粪土，它就只能装在鞋壳里头。

好读书就别当官。心谋着书，上厕所都尿不净，裤裆老是湿的，哪里还有时间串上级领导的家去联络感情，也没有钱，拿什么去走通关关卡卡？即使当官，有没有整日开会的坐功？签发的文件上能像在新书上写读后感一样随便？或许知道在顶头上司面前要如谦谦后生，但懒散惯了，能在拜会时屁股只搭个沙发沿儿？也懂得猪没架子都不长，却怎么戏耍成性突然就严肃了脸面？谁个要整，要防谁整，能做到喜怒不露于色？何事得方，何事得圆，能控制感情用事？读书人不反对官，但读书人当不了好官，让猫拉车，车就会拉到床下。那么，住楼就住顶层吧，居高却能望远，看戏就坐后排吧，坐后排看不清戏却看得清看戏的人。不要指望有人来送东西，也不烦有人寻麻烦，出门没人见面笑，也免了有朝一日墙倒众人推。

好读书必然没个好身体。一是没钱买蜂王浆，用脑过度头发稀落，吃咸菜牙齿好肠胃虚寒；二是没权住大房间，和孩子争一张书桌，心绪浮躁易肝炎；三是没时间，白日上班，晚上熬夜，免不了神经衰弱。但读书人上厕所时间长，那不是干肠，是在蹲坑读书，读书人最能忍受老婆的嘟囔，也不是脾性好，是读书入了迷两耳如塞。吃饭读书，筷子常会把烟灰缺的烟头送到口里，但不易得脚气病，因为读书时最习惯抠脚丫子。可怜都是蜘蛛般的体形，都是金鱼似的肿眼，没个倾国倾城貌，只有多愁多病身。读书人的病有读书病的药，药不在《本草》而直接是书，一是得本性酷好之书，二是得争需之书，三是得未见之书。但这药医，生常不用，有了病就让住院，住院也好，总算有了囫囵时间读书了。所以，约伙打架，不必寻读书人，那鸡爪似的手没四两力，要欺负也不必对读书人，老虎吃鸡不是山中王。读书人性缓，要急急不了他，心又大，要气气不着，要让读书人死，其实很简单，给他些樟脑丸，因为他们是书虫。

说了许多好读书的坏处，当然坏处还多，譬如好读书不是好丈夫，好读书没有好人缘，好读书性古钻。但是，能好读书必有读书的好，譬如能识天地之大，能晓人生之难，有自知之明，有预料之先，不为苦而悲，不受宠而欢，寂寞时不寂寞，孤单时不孤单，所以绝权欲，弃浮华，潇洒达观，于嚣烦尘世而自尊自重自强自立不卑不畏不俗不谐。说到这儿，有人在骂：瞧，这就是读书人的酸劲了，为什么不说"万般皆下品，唯有读书高"呢？真是阿Q精神喽！这骂得好，能骂出个阿Q来,便证明你在读书了,不读书怎么会知道鲁迅先生曾写过个阿Q呢?因此还是好读书着好。

1990年

安妥我灵魂的这本书

□ 贾平凹

一晃荡，我在城里已经住罢了二十年，但还未写出过一部关于城的小说。越是有一种内疚，越是不敢贸然不笔，甚至连商州的小说也懒得作了。依我在四十岁的觉悟，如果文章是千古的事——文章并不是谁要怎么写就可以怎么写的——它是一段故事，属天地早有了的，只是有没有夙命可得到。姑且不以国外的事作例子，中国的《西厢记》、《红楼梦》，读它的时候，哪里会觉它是作家的杜撰呢？恍惚如所经历，如在梦境。好的文章，囫囵囵是一脉山，山不需要雕琢，也不需要机巧地在这儿让长一株白桦，那儿又该栽一棵兰草的。这种觉悟使我陷于尴尬，我看不起了我以前的作品，也失却了对世上很多作品的敬畏，虽然清清楚楚这样的文章究竟还是人用笔写出来的，但为什么天下有了这样的文章而我却不能呢？！检讨起来，往往企羡的什么词章灿烂，情趣盎然，风格独特，其实正是阻碍着天才的发展。鬼魅狰狞，上帝无言。奇才是冬雪夏雷，大才是四季转换。我已是四十岁的人，到了一日不刮脸就面目全非的年纪，不能说头脑不成熟，笔下不流畅，即使一块石头，石头也要生出一层苔衣的，而舍去了一般人能享受的升官发财、吃喝嫖赌，那么搔秃了头发，淘虚了身子，仍没美文出来，是我真个没有夙命吗？

我为我深感悲哀，这悲哀又无人与我论说。所以，出门在外，总有人知道了我是某某后要说许多恭维话，我脸烧如炭，当去书店，一发现那儿有我的书，就赶忙走开。我愈是这样，别人还以为我在谦逊。

我谦逊什么呢？我实实在在地觉得我是浪了个虚名，而这虚名又使我苦楚难言。

有这种思想，作为现实生活中的一个人来说，我知道是不祥的兆头。事实也真如此，这些年里，灾难接踵而来，先是我患乙肝不愈，度过了变相牢狱的一年多医院生活，注射的针眼集中起来，又可以说经受了万箭穿身；吃过大包小包的中药草，这些草足能喂大一头牛的。再是母亲染病动手术；再是父亲得癌症又亡故；再是妹夫死去，可怜的妹妹拖着幼儿又回住在娘家；再是一场官司没完没了地纠缠我；再是为了他人而卷入单位的是是非非中受尽屈辱，直至又陷入到另一种更可怕的困境里，流言蜚语铺天盖地而来……。我没有儿子，父亲死后，我曾说过我前无古人后无来者的。现在，该走的未走，不该走的都走了，几十年奋斗的营造的一切稀哩哗啦都打碎了，只剩下了肉体上精神上都有着毒病的我和我的三个字的姓名，而名字又常常被别人叫着写着用着骂着。

这个时候开始写这本书了。

要在这本书里写这个城了，这个城里却已没有了供我写这本书的一张桌子。

在1992年最热的天气里，托朋友安黎的关系，我逃离到了耀县。耀县是药王孙思邈的故乡，我兴奋的是在药王山上的药王洞里看到一个"坐虎针龙"的彩塑，彩塑的原意是讲药王当年曾经骑着虎为一条病龙治好了病的。我便认为我的病要好了，因为我是属龙相。后来我同另一位搞戏剧的老景被安排到一座水库管理站住，这是很吉祥的一个地方。不要说我是水命，水又历来与文学有关，且那条沟叫锦阳川就很灿烂辉煌；水库地名又是叫桃曲坡，曲有文的含义，我写的又多是女人之事，这桃便更好了。在那里，远离村庄，少鸡没狗，绿树成荫，繁花遍地，十数名管理人员待我们又敬而远之，实在是难得的清静处。整整一个月里，没有广播可听，没有报纸可看，没有麻将，没有扑克。每日早晨起来去树林里掏一股黄亮亮的小便了，透着树干看远处的库面上晨雾蒸腾，直到波光粼粼了一片银的铜的，然后回来洗漱，去伙房里提开水，敲着碗筷去吃饭。夏天的苍蝇极多，饭一盛在碗里，苍蝇也站在了碗沿上，后来听说这是一种饭苍蝇，从此也不在乎了。吃过第一顿饭，我们就各在各的房间里工作，规定了谁也不能打扰谁的，于是一直到下午四点，除了大小便，再不出门。我写起来喜欢关门关窗，窗帘也要拉得严严实实，如果是一个地下的洞穴那就更好。烟是一根接一根地抽，每当老景在外边喊吃饭了，推开门直叫烟雾罩了你了！再吃过了第二顿饭，这一天里是该轻松轻松了，就趿个拖鞋去库区里游泳。六点钟的太阳还毒着，远近并没有人，虽然勇敢着脱光了衣服，却只会狗刨式，只能在浅水里手脚乱打，打得腥臭的淤泥上来。岸上的蒿草丛里嘎嘎地有嘲笑声，原来早有人在那里窥视。他们说，水库十多年来，每年要淹死三个人的，今年只死过一个，还有两个指标的。我们就毛骨悚然，忙爬出水来穿了裤头就走。再不敢去耍水，饭后的时光就拿了长长的竹竿去打崖畔儿上的酸枣。当第一颗酸枣红起来，我们就把它打下来了，红红的酸枣是我们唯一能吃到的水果。后来很奢侈，竟能贮存很多，专等待山梁背后的一个女孩子来了吃。这女孩子是安黎的同学，人漂亮，性格也开朗，她受安黎之托常来看望我们，送笔呀纸呀药片呀，有时会带来几片烙饼。夜里，这里的夜特别黑，真正的伸手不见五指，我们就互相念着写过的章节，念着念着，我们常害肚子饥，但并没有什么可吃的。我们曾经设计过去偷附近村庄农民的南瓜和土豆，终是害怕了那里的狗，未能实施。管理站前的十字路口边是有一棵核桃树的，树之顶尖上有一颗青皮核桃，我去告诉了老景，老景说他早已发现。黄昏的时候我们去那里抛着石头掷打，但总是目标不中，歇歇气，搜集了好大一堆石块瓦片，掷完了还是掷不下来，倒累得脖子疼胳膊疼，只好一边回头看着一边走开。这个晚上，已经是十一点了，老景馋得不行，说知了的幼虫是可以油炸了吃的，并厚了脸借来了电炉子、小锅、油、盐，似乎手到擒来，一顿美味就要到口了。他领着我去树林子，打着手电在这棵树上照照，又到那棵树上照照，树干上是有着蝉壳，却没有发现一只幼虫。这样为着觅食而去，觅食过程却获得了另一番快感。往后的每个晚上这成了我们的一项工作。不知为什么，幼虫还是一只未能捉到，捉到的倒是许多萤火虫，这里的萤火虫到处在飞，星星点点又非常的亮，我们从林子中的小路上走过，常恍惚是身在了银河的。

老景长得白净，我戏谑他是唐僧，果然有一夜一只蝎子就钻进他的被窝咬了他，这使我们都提心吊胆起来，睡觉前翻来覆去地检查屋之四壁，抖动被褥。蝎子是再也没有出现的，而草蚊飞蛾每晚在我们的窗外聚汇，黑乎乎地一疙瘩一疙瘩的，用灭害灵去喷，尸体一扫一簸箕的。我们便认为这是不吉利的事。我开始打磨我在香山拣到的一块石头，这石头极奇特，上边天然形成一个"大"字，间架结构又颇有柳公权体。我把"大"字石头雕刻了一个人头模样系在脖子上，当作我的护身符。这护身符一直系着，直到我写完了这部书。老景却在树林子里拣到了一条七寸蛇的干尸，那干尸弯曲得特别好，他挂在白墙上，样子好像一个凝视的美丽的少女。我每天去他房间看一次蛇美人，想入非非。但他要送我，我不敢要。

在耀县锦阳川桃曲坡水库——我永远不会忘记这个地名的——呆过了整整一个月，人明显是瘦多了，却完成了三十万字的草稿。那间房子的门口，初来时是开绽了一朵灼灼的大理花的，现在它已经枯萎。我摘下一片花瓣夹在书稿里下山。一到耀县，我坐在一家咸汤面馆门口，长出了一口气，说："让我好好吃顿面条吧！"吃了两海碗，口里还想要，肚子已经不行了，坐在那里立不起来。

回到西安，我是奉命参加这个城市的古文化艺术节书市上活动的。书市上设有我的专门书柜，疯狂的读者抱着一摞摞的书让我签名，秩序大乱，人潮翻涌，我被围在那里几乎要被挤得粉碎。几个小时后幸得十名警察用警棒组成一个圆圈，护送了我钻进大门外的一辆车中急速遁去。那样子回想起来极其可笑。事后我的一个朋友告诉说，他骑车从书市大门口经过时，正瞧着我被警察拥着下来，吓了一跳，还以为我犯了什么罪。我那时确实有犯罪的心理,虽然我不能对着读者说我太对不起你们了,但我的脸上没有一丝笑容。离开了被人拥簇的热闹之地,一个人回来,却寡寡地窝在沙发上哽咽落泪。人人都有一本难念的经,我的经比别人更难念。对谁去说?谁又能理解?这本书并没有写完,但我再没有了耀县的清静,我便第一次出去约人打麻将,第一次夜不归宿,那一夜我输了个精光。但写起这本书来我可以忘记打麻将,而打起麻将了又可以忘记这本书的写作。我这么神不守舍地捱着过日子,白天害怕天黑,天黑了又害怕天亮。我感觉有鬼在暗中逼我,我要彻底毁掉我自己了,但我不知道我该怎么办。这时候,我收到一位朋友的信,他在信中骂我迷醉于声名之中,为什么不加紧把这本书写完?!我并没有迷醉于声名之中,正是我知道成名不等于成功,我才痛苦得不被人理解,不理解又要以自己的想法去做,才一步步陷入了众要叛亲要离的境地!但我是多么感激这位朋友的责骂,他的骂使我下狠心摆脱一切干扰,再一次逃离这个城市去完成和改抄这本书的全稿了。我虽然还不敢保险这本书到底会写成什么模样,但我起码得完成它!

于是我带着未完稿又开始了时间更长更久的流亡写作。

我先是投奔了户县李连成的家。李氏夫妇是我的乡党,待人热情,又能做一手我喜爱吃的家乡饭菜。1986年我改抄长篇小说《浮躁》就在他家,去后,我被安排在计生委楼上的一间空屋里。计生委的领导极其关照,拿出了他们崭新的被褥,又买了电炉子专供我取暖,我对他们的接纳十分感激,说我实在没法回报他们,如果我是一个妇女,我宁愿让他们在我肚子上开一刀,完成一个计划生育的指标。一天两顿饭,除了按时去连成家吃饭,我就呆在房子里改写这本书,整层楼上再没有住人,老鼠在过道里爬过,我也能听得它的声音。窗外临着街道,因不是繁华地段,又是寒冷的冬天,并没有喧嚣。只是太阳出来的中午,有一个黑脸的老头总在窗外楼下的固定的树下卖鼠药,老头从不吆喝,却有节奏地一直敲一种竹板。那梆梆的声音先的心烦,由心烦而去欣赏，倒觉得这竹板响如寺院禅房的木鱼声，竟使我愈发心神安静了。先头的日子里，电炉子常要烧断，一天要修理六至八次；我不会修，就得喊连成来。那一日连成去乡下出了公差，电炉子又坏了，外边又刮风下雪，窗子的一块玻璃又撞碎在楼上，我冻得捏不住笔，起身拿报纸去夹在窗纱扇里挡风；刚夹好，风又把它张开，再去夹，再张开，只好拉闭了门往连成家去。袖手缩脖下得楼来，回头看三楼那个飘动着破报纸的窗户，心里突然体会到了杜甫的《茅屋为秋风所破歌》的境界。

住过了二十余天，大荔县的一位朋友来看我，硬要我到他家去住，说他新置了一院新宅，有好几间空余的房子。于是连成亲自开车送我去了渭北的一个叫邓庄的村庄，我又在那里住过了二十天。这位朋友姓马，也是一位作家，我所住的是他家二楼上的一间小房。白日里，他在楼下看书写文章，或者逗弄他一岁孩子；我在楼上关门写作，我们谁也不理谁。只有到了晚上，两人在一处走六盘象棋。我们的棋艺都很臭，但我们下得认真，从来没有悔过子儿。渭北的天气比户县还要冷，他家的楼房又在村头，后墙之外就是一眼望不到边的大平原，房子里虽然有煤火炉，我依然得借穿了他的一件羊皮背心，又买了一条棉裤，穿得臃臃肿肿。我个子原本不高，几乎成了一个圆球，每次下那陡陡的楼梯就想到如果一脚不慎滚下去，一定会骨碌碌直滚到院门口去的。邓庄距县城五里多路，老马每日骑车进城去采买肉呀菜呀粉条呀什么的。他不在，他的媳妇抱了孩子也在村中串门去了。我的小房里烟气太大，打开门让敞着，我就站出在楼栏杆处看着这个村子。正是天近黄昏，田野里浓雾又开始弥漫，村巷里有许多狗咬，邻家的鸡就扑扑楞楞往树上爬，这些鸡夜里要栖在树上，但竟要栖在四五丈高的杨树梢上，使我感到十分惊奇。

二十天里，我烧掉了他家好大一堆煤块，每顿的饭里都有豆腐，以致卖豆腐的小贩每日数次在大门外吆喝。他家的孩子刚刚走步，正是一刻也不安静地动手动脚，这孩子就与我熟了，常常偷偷从水泥楼梯台爬上来，冲着我不会说话地微笑。老马的媳妇笑着说："这孩子喜欢你，怕将来也要学文学的"。我说，孩子长大干什么都可以，千万别让弄文学。这话或许不应该对老马的媳妇说，因为老马就是弄文学的，但我那时说这样的话是一片真诚。渭北农村的供电并不正常，动不动就停电了，没有电的晚上是可怕的，我静静地长坐在藤椅上不起，大睁着夜一样黑的眼睛。这个夜晚自然是失眠了，天亮时方睡着。已经是十一点了，迷迷糊糊睁开眼，第一个感觉里竟不知自己是在哪儿。听得楼下的老马媳妇对老马说："怎不听见他叔的咳嗽声，你去敲敲门，不敢中了煤气了！"我赶忙穿衣起来，走下楼去，说我是不会死的，上帝也不会让我无知无觉地自在死去的，却问："我咳嗽得厉害吗？"老马的媳妇说："是厉害，难道你不觉得？！"我对我的咳嗽确实没有经意，也是从那次以后留心起来，才知道我不停地咳嗽着。这恐怕是我抽烟太多的缘故。我曾经想，如果把这本书从构思到最后，完稿的多半年时间里所抽的烟支接连起来。绝对地有一条长长的铁路那么长。

当我所带的稿纸用完了最后的一张，我又返回到了户县，住在了先前住过的房间里。这时已经月满，年也将尽，"五豆"、"腊八"、"二十三"，县城里的人多起来，忙忙碌碌筹办年货。我也抓紧着我的工作，每日无论如何不能少于七千字的速度。李氏夫妇瞧我脸面发胀，食欲不振，想方设法地变换饭菜的花样，但我还是病了，而且严重的失眠。我知道一走近书桌，书里的庄之蝶、唐宛儿、柳月在纠缠我；一离开书桌躺在床上，又是现实生活中纷乱的人事在困扰我。为了摆脱现实生活中人事的困扰，我只有面对了庄之蝶和庄之蝶的女人，我也就常常处于一种现实与幻想混在一起无法分清的境界里。这本书的写作，实在是上帝给我太大的安慰和太大的惩罚，明明是一朵光亮美艳的火焰，给了我这只黑暗中的飞蛾兴奋和追求，但诱我进去了却把我烧毁。

腊月二十九的晚上，我终于写完了全书的最后一个字。

对我来说，多事的一九九二年终于让我写完了，我不知道新的一年我将会如何地生活，我也不知道这部苦难之作命运又是怎样。从大年的三十到正月的十五，我每日回坐在书桌前目注着那四十万字的书稿，我不愿动手翻开一页。这一部比我以前的作品能优秀呢，还是情况更糟？是完成了一桩夙命呢，还是上苍的一场的戏弄？一切都是茫然，茫然如我不知我生前为何物所变、死后又变何物。我便在未作全书最后的一次润色工作前写下这篇短文，目的是让我记住这本书带给我的无法向人说清的苦难，记住在生命的苦难中又唯一能安妥我破碎了的灵魂的这本书。

1993年正月下旬

小时背书有好处

□ 巴　金

有人要我告诉他小说与散文的特点。也有人希望我能够说明散文究竟是什么东西。我不能满足他们的要求，因为我实在讲不出来。我并非故意在这里说假话，也不是过分谦虚。30年来我一共出版了20本散文集。我的第一本散文集《海行杂记》还是在我写第一部小说之前写成的。最近我仍然在写类似的散文东西。怎么我会讲不出"散文"的特点呢？其实说出来，理由也很简单：我写文章，因为有话要说。我向杂志投稿，也从没有一位编辑先考问我一遍，看我是否懂得文学。我说这一段话，并非跑野马，开玩笑。我只想说明一件事情：一个人必须先有话要说，才想到写文章；一个人要对人说话，他一定想把话说得动听，说得好，让人家相信他。每个人说话都有自己的方法和声调，写出来的文章也不会完全一样。人是活的，所以文章的形式或者体裁并不能够限制活人。我写文章的时候，并没有事先想到我这篇文章应当有什么样的特点，我想的只是我要在文章里说些什么话，而且怎样把那些话说得明白。

我刚才说过我出版了20本散文集。其实这20本都是薄薄的小书，而且里面什么文章都有。有特写，有随笔，有游记，有书信，有感想，有回忆，有通讯报道……总之，只要不是诗歌，又没有完整的故事，也不曾写出什么人物，更不是专门发议论讲道理，却又不太枯燥，而且还有一点点感情，像这样的文章我都叫做"散文"。也许有人认为这样叫法似乎把散文的范围搞得太大了。其实我倒觉得把它缩小了。

着欧洲人的说法,除了韵文就是散文,连长篇小说也包括在内。我前不久买到一部德国作家霍普特曼的四卷本《散文集》,里面收的全是长短篇小说。而且拿我个人的经验来说,有时候也不大容易给每一篇文章戴上合式的帽子,派定它为"小说"或者"散文"。例如我的《短篇小说选集》里面有一篇《废园外》,不过一千两三百字。写作者走过一个废园,想起几天前敌机轰炸昆明、炸死国内一个深闺少女的事情。我写完它的时候,我把它当作"散文"。后来我却把它收在《短篇小说选集》里,我还在《序》上说:"拿情调来说,它接近短篇小说了。"(其实怎样"接近",我自己也说不出来。不过我也读过好些篇欧美或者日本作家写的这一类没有故事的短篇小说。日本森鸥外的《沉默之塔》〔鲁迅译〕就比《废园外》更不像小说)但是我后来编辑《文集》,又把《废园外》放进《散文集》里面。又如我1952年从朝鲜回来写了一篇叫做《坚强战士》的文章。我写的是"真人真事",可是我把它当作小说发表了。后来《志愿军英雄传》编辑部的一位同志把这篇文章拿去找获得"坚强战士"称号的张渭良同志仔细研究了一番。张渭良同志提了一些意见。我根据他的意见把我那篇文章改得更符合事实。文章后来收在《志愿军英雄传》内,徐迟同志去年编《特写选》又把它选进去了。小说变成了特写。固然称《坚强战士》为"特写"也很适当,但是我如果仍然叫它做"短篇小说",也不能说是错误。苏联作家波列伏依的好多"特写"就可以称为短篇小说。还有,我的短篇小说《我的眼泪》,要是把它编进《散文集》,也许更恰当,因为它更像散文。

我这些话无非说明文章的体裁和形式都是次要的东西。主要的还是内容。有人认为必须先弄清楚了"散文"的特点才可以动笔写"散文"。我就不同意这种说法。我从前在私塾里念书的时候,我的确学过作文。老师出题目要我写文章。我或者想了一天写不出来,或者写出来不大通顺,老师就叫我到他面前,告诉我文章应当怎样写,第一段写什么,第二段写什么……最后又怎样结束。我当时并不明白,过了几年倒恍然大悟了。老师在教我在题目上做文章。说来说去无非在题目的上下前后打转。这就叫做"作文"。那些时候不是我要写文章,是老师要我写,不写或者写不出就要挨骂甚至要给老师打手心。当时我的确写过不少这样的文章,里面一半是"什么论"、"什么说",如《颖考叔纯孝论》、《(9币说》之类,另一半就是今天所谓的"散文",如《郊游》、《儿时回忆》、《读书乐》等等。就拿《读书乐》来说罢。我那时背诵古书很感痛苦。老实说,即使背得烂熟,我也讲不清楚那些辞句的意义。我怎么写得出"读书的乐趣"呢?但是作文不交卷,我就走不出书房,要是惹得老师不高兴,说不定还要挨几下板子。我只好照老师的意思写,先说人需要读书,又说读书的乐趣,再讲春、夏、秋、冬四时读书之乐。最后来一个短短的结束。我总算把《读书乐》交卷了。老师在文章旁边打了好几个圈,最后又批了八个字:"水静沙明,一清到底"。我还记得文章中有"围炉可以御寒,《汉书》可以下酒"的话,这是写冬天读书的乐趣。老师又给我加上两句"不必红袖添香……"等等。其实一个十二三岁的少年,看见酒就害怕,哪里有读《汉书》下酒的雅兴?更不懂什么叫"红袖添香"了。文章里的句子不是从别处抄来,就是引用典故拼凑成的,跟"书"的内容并无多大关系。这真是为作文而作文,越写越糊涂了。不久我无意间得到一卷《说岳传》的残文,看到"何元庆大骂张用"一句,就接着看下去,居然全懂,因为书是用口语写的。我看完这本破书,就到处求人借《说岳传》全本来看,看到不想吃饭睡觉,这才懂得所谓"读书乐"。但这种情况跟我的《读书乐》中所写的却又是两样了。

我不仅学过怎样写"散文",而且我从小就读过不少的"散文"。我刚才还说过老师告诉我文章应当怎样写,如何从第一段讲到结束。其实这样的事情是很少有的。这是在老师特别高兴、有极大的耐心开导学生的时候。老师平日讲的少,而且讲得简单。他唯一的办法是叫学生多读书,多背书。我背得较熟的几部书中间有一部《古文观止》。这是两百多篇散文的选集;从周代到明代,有"传",有"记",有"序",

有"书",有"表",有"铭",有"赋",有"论",还有"祭文"。里面一部分我背得出却讲不清楚;有一部分我不但懂而且喜欢,像《桃花源记》、《祭十二郎文》、《赤壁赋》、《报刘一丈书》等等。读多了,读熟了,常常可以顺口背出来,也就能慢慢地体会到它们的好处,也就能慢慢地摸到文章的调子。但是当时也只能说是似懂非懂。可是我有两百多篇文章储蓄在脑子里面了。虽然我对其中任何一篇都没有好好地研究过,但是这么多的具体的东西至少可以使我明白所谓"文章"究竟是怎么一回事,可以使我明白文章并非神秘不可思议,它也是有条有理,顺着我们的思路连下来的。这就是说,它不是颠三倒四的胡说,不像我们常常念着玩的颠倒诗:"一出门来脚咬狗,捡个狗来打石头……"这样一来,我就觉得写文章比从前容易些了,只要我的确有话说。倘使我连先生出的题目都不懂,或者我实在无话可说,那又当别论。还有一点,我不说大家也想得到;我写的那些作文全是坏文章,因为老师爱出大题目,而我又只懂得那么一点点东西,连知识也说不上,哪里还有资格谈古论今!后来弄得老师也没有办法,只好批"清顺"二字敷衍了事。

但是我仍然得感谢我那两位强迫我硬背《古文观止》的私塾老师。这两百多篇"古文"可以说是我真正的启蒙先生。我后来写了20本散文,跟这个"启蒙先生"们一一背熟,好的"散文"很有关系。自然我后来还读过别的文章,可是并没有机会把它记在心里了。不过读得多,即使记不住,也有好处。我们有很好的"散文"的传统,好的散文岂止两百篇!十倍百倍也不止!

读书要有计划

□ 萧　乾

我很羡慕那些一目十行的读者。英国有位教授，据说他在火车上看书，车窗外每掠过一根电线杆，他就能翻一页。国内也有学者，据说一家大旧书店的书，你随便指哪一本，他都能道出内容梗概。我人很笨，读书慢，近年又有随读随忘的毛病，这最要命！

我读的书，大致分这么几类：甲类是业务上需要的，必得有目的有系统地去读——主要属我正在研究的问题的范围。乙类是为了欣赏观摩而阅读的。此外还有两类书，读法有些不雅。一类放在厕所里（作为丙类吧），另一类放在枕畔（作为丁类）。还有一种戊类，这大都是版式很小的书。每逢去医院或去车站接人，我必带上一本，为等候时翻阅。还有一类根本不打算一页页地去读，纯然为了查找用的。特别是工具书，像中外百科全书。

甲类书，例如40年代我在剑桥研究英国小说时，手中的几套全集，我几乎都是逐页仔细阅读的。读这种书，我手中必有支红蓝铅笔，随读随划些记号。每读完一册，都写点笔记（但笔记本在1966年8月已全部化为灰烬了）。

乙类书，如古华、宗璞、戴厚英、邓友梅等位的小说，姜德明、贾平凹等位的散文。我特别喜欢湖南人民出版社的那套《诗苑译林》丛书，像普希金、拜伦、雪莱的诗和屠格涅夫的散文诗。一本真被我爱上了的书，我可以读上许多遍。过去，屠格涅夫的《猎人笔记》，都德的《小东西》，都曾使我神往过，同它们有心心相印之感。

限于时间，阅读当代作品以名著为主。但有时不那么出名的书，却能给予我极大的快乐。例如苏联小说《9台长与大尉》，我读了就比西蒙诺夫的"过瘾"。19世纪犹太作家肖洛姆—阿莱汉姆的《莫吐儿》一共不到100页（还是少儿出版社出的），对我却像是浓缩了的狄更斯和马克·吐温，也那么幽默，真实，感人。而且姚以恩的译文多么上口啊！

枕畔，目前我放了广西出的《古代诗词曲名句选》、湖南出的那套《走向世界丛书》（尤其爱看钟叔河为每本写的序言）和一些游记；有解放前出的，如中华的《古今游记选》；也有解放后出的，包括陈舜臣的《中国古今游》。此外，还有杜渐、林真等几位的读书札记。我从小喜欢曲艺，所以床头还放了陈世和说的评书《聊斋》，雷文治等编的快板《西游》和十来本相声集，单口、对口的都有。

在厕所里读书，可不是好习惯。它往往是便秘的起因。但这习惯我已养成了多少年。在湖北干校时，限于条件，改过一阵。回来，又故态复萌。但30年代，我就是这么读完张资平的小说的。近来放的不外乎一些闲书。

文字工作者，身边应备有尽多的工具书。例如外文字典，许多人追求"新"的，我倒是觉得也应有些早年出的外文字典。这些对翻译经典著作，往往比新的更有用。另外，俚语、黑社会语、军事用语、法律名词等辞典，也应具备。工具书虽然不属阅读范围，但有时也可以拿来读。1981年有几个月，我坐在病床上。英国新出的一部带插图的《百科全书》就成为我的最佳读物。随便翻开哪页，都必然会有一两个耀眼的条目：南太平洋某一小国少得可怜的人口，或者非洲什么行为古怪的稀有禽兽，而且读时可不费脑筋。在特殊境遇中读的书，就会形成一种特殊感情。它好像同我共过一段患难。50年代，人民文学出版社出版过一种《文学小丛书》，如高尔基的《在草原上》，莫泊桑的《羊脂球》，版式小，便于携带，往往又是值得反复精读的名作。近年来，袖珍版的书偶还有所见，如姜德明的几本散文集，但成套的"小丛书"则不大见到了。

   前些年,由于"大洋古"犯禁,也为了使自己头脑简单些,不少人视读书为畏途。那时提倡的,实际上是愚昧主义。如今,读书风气盛行,且不采取官定书目的办法,这是中华民族兴旺之兆。